池田書店

はじめに

最近、漢字を書こうとすると、全然思い出せない。なんとなく、形は思い浮かぶんだけど、いざ書こうとすると違う文字になってしまう……。

社会人になると、学生時代のようにノートに手書きで写すこともなくなり、仕事でもパソコンで文書を作成することが増えていきます。すると、覚えていたはずの漢字はどんどん忘れていきます。また、同音異義語のどちらの漢字を使用するかで迷っても、パソコンやスマホの文字変換機能がサポートしてくれるので、ますます自分で考えることが減っていきます。読むことはできるのに、いざ手書きしようとすると、漢字が出てこないという人は多いでしょう。

世の中には、誤った意味で用いられてきた熟語が広まり、それが常識のようになってしまっている場合もあります。ビジネスシーンなどで、うっかり間違ったまま使って恥をかく、なんてことにもなりかねません。

人間の脳は、使わなければ記憶としてとどめていても、それを呼び出す回路が退化していきます。できるオトナになるために、本書を使ってもう一度、漢字を学び直しませんか？　答えがわかっても、頭の中だけで完結させず、しっかり答えを手書きすることも、脳を活性化させるうえで大切です。

まずは準備運動として、小学生レベルの「初級編」から始めましょう。中学生・高校生レベルを中心とした「中級編」は、オトナの教養として身につけておきたい漢字表現です。「上級編」は大学生レベル、漢字検定準1級以上の難問なので、解けなくても当たり前かもしれません。でも、解答を読むことで、あなたの語彙力が高まっていきます。

間違った問題の漢字はそのままにせず、その場で身につけるよう心がけて。1日1ページ、毎日少しずつでも、最後まで続けていくことが大切です。

目次

知らないと恥ずかしい

小学生レベル

初級編は主に漢字検定5級まで、
小学校で学ぶレベル※の漢字問題です。
オトナの教養として、しっかり学び直しましょう。

※漢字のレベルは例外もあります。

001 初級編

楽しみながらできる

漢字入りクロスワード❶

大きなマス目には漢字を記入しましょう。漢字は音読み、訓読み、どちらのパターンもあります。タテ・ヨコのカギをヒントに、ほかのすべてのマス目もカタカナで埋めてください。

正解

／1

答えは8ページに

タテのカギ

1 囲碁や将棋のプロ
2 美しい人の命ははかない、という意味の四字熟語
4 水は液体、氷は？
5 タンドールで焼くインドのパン
6 ひと月いくらで借りる○○○○駐車場
8 ○○○を尽くして天命を待つ
10 鑑定眼が確かな人
11 耳で聴く
12 袖振り合うも○○○○の縁
15 生まれた家
17 住む建物
18 「語頭」の反対

ヨコのカギ

1 桃太郎の団子の原料
3 いつもサマー。○○○○の島
7 ポエムを書く人
8 人のいのち。○○○○救助
9 ○○○は損気
11 ガラスでできた平たい玉の玩具
12 情けは人の○○ならず
13 損して○○取れ

1	2	■	3	4	5	6
7	8 人		■	9		
■			10		■	
11				■	12	
13		■	14	15		■
■	16	17	■			18
19					■	

14 宿主にとりついて生きること

15 ○○○4か月の赤ちゃん

16 きょうだいの娘

19 犬が好きだと愛犬家、タバコが好きだと？

「生」が難しかったかな。
「生後」「他生の縁」「寄生」など、読み方がいろいろあるので、ヒラメキが必要になるね。

002 初級編

あれどっちだっけ？

正しい漢字❶

❶～❹の〈　〉の読みに当てはまる正しい漢字をＡＢから選んで○をつけましょう。

答えは次のページに

❶ 〈とうしんだい〉のフィギュア

Ａ 等身大　Ｂ 頭身大

❷ 企画が〈なんこう〉する

Ａ 難航　Ｂ 難行

❸ 持って行く荷物は〈さいしょうげん〉にする

Ａ 最少限　Ｂ 最小限

❹ 〈じょじょ〉に進める

Ａ 除々　Ｂ 徐々

002→解答

1

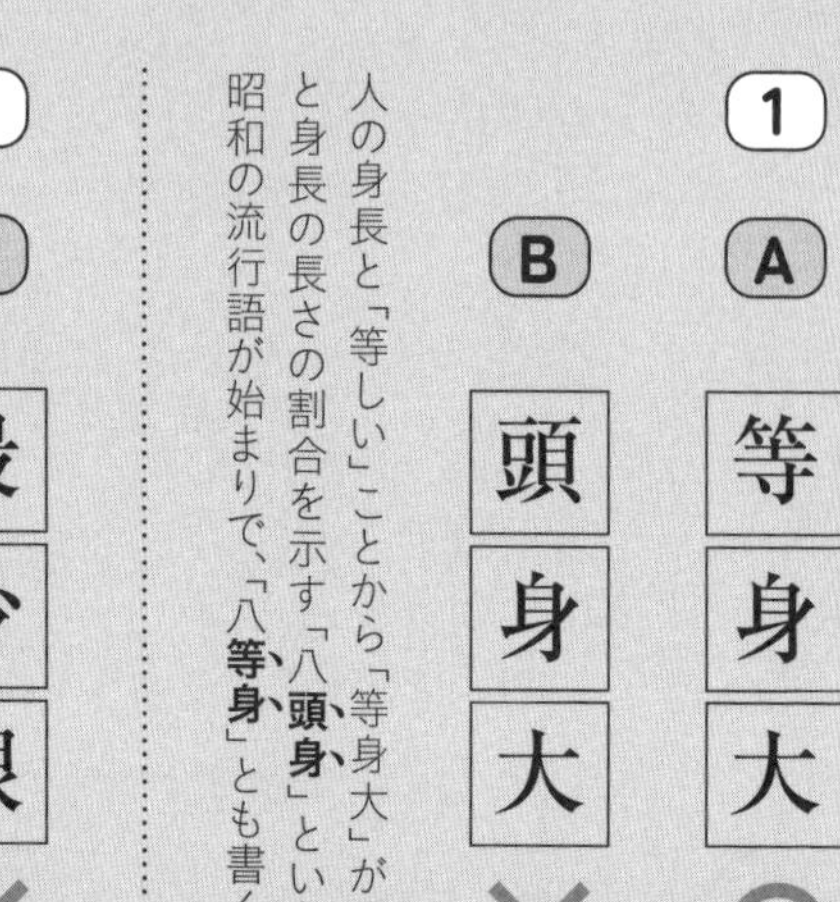

Ⓐ 等身大 ○

Ⓑ 頭身大 ×

人の身長と「等しい」ことから「等身大」が正解。頭と身長の長さの割合を示す「八**頭身**」という表現は昭和の流行語が始まりで、「八**等身**」とも書く。

2

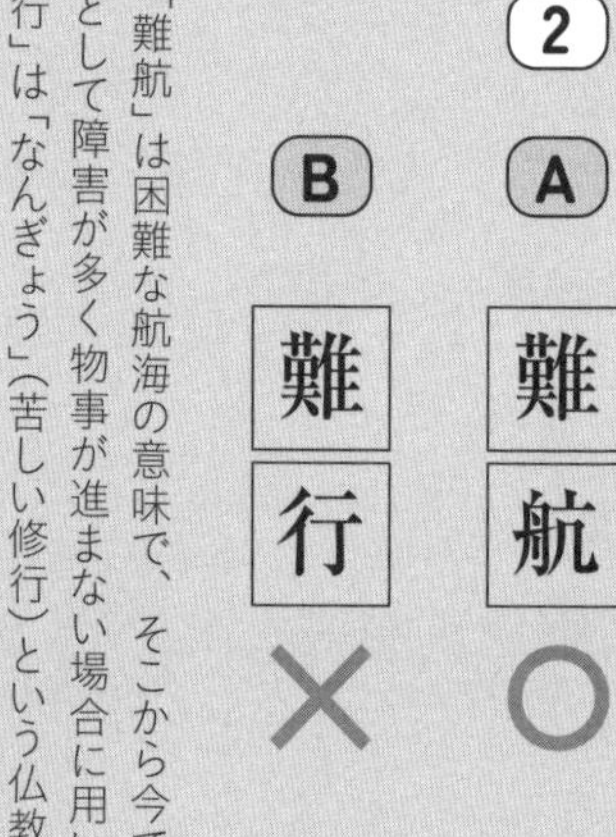

Ⓐ 難航 ○

Ⓑ 難行 ×

「難航」は困難な航海の意味で、そこから今でも比喩（ひゆ）として障害が多く物事が進まない場合に用いる。「難行」は「なんぎょう」（苦しい修行）という仏教用語。

3

Ⓐ 最少限 ×

Ⓑ 最小限 ○

荷物が少ないことなので「最少限」と間違いやすいが、正解は「最小限」。対義語が「最**大**限」であることから連想すれば、間違えることはなくなるはず。

4

Ⓐ 除々 ×

Ⓑ 徐々 ○

進行や変化がゆっくりしているさまを意味する。「除々」という表現はなく、普段、パソコンの自動漢字変換になれると、意外に間違いやすい。

003 初級編

読み間違い❶

堂々と声に出して思わず赤面！

1～10の熟語の読みを（　）にひらがなで記入しましょう。

1 非力（　　）

2 境内（　　）

3 台詞（　　）

4 一矢（　　）

5 曲者（　　）

6 定石（　　）

7 成仏（　　）

8 市井（　　）

9 言質（　　）

10 端役（　　）

正解

／10

答えは次のページに

003→解答

1 ひりき

誤読「ひりょく」

力が弱いこと、勢力・能力に欠けること。例文「非力を恥じる」

4 いっし

誤読「いちや」「ひとや」

敵からの攻撃に対して矢を射返す。やりかえす、反撃・反論すること。

7 じょうぶつ

誤読「せいぶつ」「なりぼとけ」

仏教用語で悟りを開くこと。転じて、死んで仏になること。

9 げんち

誤読「げんしつ」「げんしち」

あとで証拠になるような言葉を引き出すこと。「人質」は「ひとじち」。

2 けいだい

誤読「きょうだい」「けいない」

境界の内側。主に神社・寺院の敷地内を意味する。

5 くせもの

誤読「まがりもの」

油断できない者、ひとくせあってしたたかな人。例文「曲者ぞろいだ」

8 しせい

誤読「いちい」「しい」

人家が集まっているところ。市街地、巷（ちまた）などを幅広く指す表現。

10 はやく

誤読「はしやく」

演劇などで主要でない役。物事の主でない周辺の役割や役目のこと。

3 せりふ

誤読「だいし」

劇中の人物の言葉。転じて、言い分、言いぐさ。例文「聞きたくない台詞」

6 じょうせき

誤読「ていせき」

物事を処理する際の決まった仕方。最適の手順、方法のこと。

「定石」は囲碁が由来。囲碁が伝来して千年以上、「一目置く」「駄目」「八百長」など、いろいろな言葉が派生しています。

004 初級編

できて当然！ 小学生レベル

漢字検定5～6級【対義語】

1～10の対義語を□に漢字で記入しましょう。

1 起点 ⇅ □点

2 悪意 ⇅ □意

3 肉体 ⇅ □神

4 借用 ⇅ □済

5 戦争 ⇅ □和

6 冷静 ⇅ 興□

7 減少 ⇅ □加

8 集合 ⇅ 解□

9 飲酒 ⇅ □酒

10 公海 ⇅ □海

正解 ／10

答えは次のページに

004➡解答

1 終点

読み「きてん⇅しゅうてん」

類義語…「起点」は原点、始点など。「終点」は終局、終幕など。

2 善意

読み「あくい⇅ぜんい」

類義語…「悪意」は邪気、害意など。「善意」は恩情、恩恵、厚意など。

3 精神

読み「にくたい⇅せいしん」

「肉体」の対義語には「物質」も。「肉体」の類義語は生身、身体など。

4 返済

読み「しゃくよう⇅へんさい」

「借用」の対義語には「返却」も。「借用」の類義語は借入、拝借など。

5 平和

読み「せんそう⇅へいわ」

「戦争」の対義語は「和睦」「和平」などさまざまな意見がある。

6 興奮

読み「れいせい⇅こうふん」

「冷静」の対義語は「熱烈」も。「冷静」の類義語は沈着、平穏など。

7 増加

読み「げんしょう⇅ぞうか」

減っていくことに対して増えていくこと。「増大」は反対語に当たる。

8 解散

読み「しゅうごう⇅かいさん」

「集合」の対義語には「離散」も。「集合」の類義語は集結、会合など。

9 禁酒

読み「いんしゅ⇅きんしゅ」

「断酒」「喫煙」を「飲酒」の対義語に分類する説もある。

10 領海

読み「こうかい⇅りょうかい」

「公海」はどの国にも属さない海域。「領海」は近隣の国に属する領土。

対義語は、反対の意味を持つ言葉だけでなく、「和食⇄洋食」「母親⇄父親」のように対になる言葉のことも含みます。

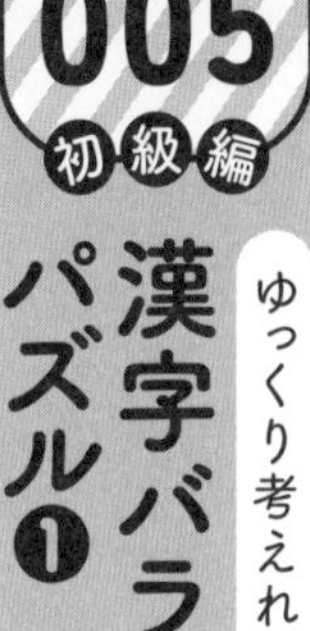

ゆっくり考えれば大丈夫

漢字バラバラパズル❶

□の中のバラバラになった部品を組み合わせて漢字1文字を作り、( )に記入しましょう。

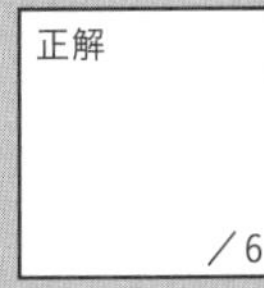

答えは次のページに

1 (　　)

金　立　里

2 (　　)

木　疋　石　木

3 (　　)

衣　亻　弋

4 (　　)

日　夫　夫　氵

5 (　　)

月　十　十　日

6 (　　)

八　丸　⺍　土　土

1

鐘

部首は「金(かねへん)」。「立(たつ)」や「里(さと)」ではない。「鐘」はかね、つりがねのこと。ちなみに、里が部首の漢字には、「重・野・量」がある。

2

礎

部首は「石(いしへん)」。「疋(ひき)」や「木(き)」ではない。「礎」はいしずえ、柱の下に置く土台のこと。ちなみに、疋が部首の漢字には、「疑・疎」がある。

3

袋

部首は「衣(ころも)」。「亻(にんべん)」や「弋(しきがまえ)」ではない。「袋」はふくろ。紙や皮、布で作った容(い)れ物。弋が部首の漢字には、「式・弑」がある。

4

潜

部首は「氵(さんずい)」。「日(ひ)」ではない。「潜」は水の中にもぐるという意味がある。ちなみに、「夫」という部首はなく、「夫」の部首は「大(だい)」。

5

朝

部首は「月(つき)」。部首が左に位置するのは「偏(へん)」、右は「旁(つくり)」、上側は「冠」、下部は「脚」、外側を囲むのは「構(かまえ)」、上から左に位置するのは「垂(たれ)」と言う。

6

熱

部首は「灬(れっか)」。「熱」は、温度が高いこと。ちなみに「丸」という部首はなく、「丸」の部首は「丶(てん)」である。

006 初級編

連想問題❶

1～**8**の文章は名前に使われている漢字を説明したものです。そこから連想される名字を□に漢字で記入しましょう。

正解　／8

答えは次のページに

1 私の名前は、**イシヘン**に**サダ**めるの**ジョウ**、山間の**タニ**で**イカリヤ**です。

□□

2 私の名前は、**チョウ**短の**ナガイ**に海に浮かぶ**フネ**で**オサフネ**です。

□□

3 私の名前は、**キヘン**に**ヒガシ**に**ホウ**向の**ホウ**で**ムナカタ**です。

□□

4 私の名前は、**アナカンムリ**の下に**サンズイ**に**ツチ**二つに、**イ**戸の**イ**で**クボイ**です。

□□

5 私の名前は、においの**カオリ**に方角の**ニシ**で**コウザイ**です。

□□

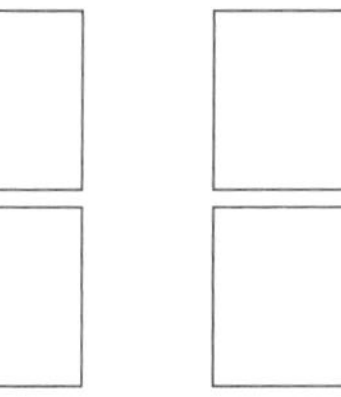

6 私の名前は、アルコールの**サケ**に**ニオイ**で**サコウ**です。

□□

7 私の名前は、**タカイ**低いの**タカイ**に**カイ**段の**カイ**で**タカシナ**です。

□□

8 私の名前は、七福神の**ホテイ**様と同じ漢字の**ホテイ**です。

□□

1

碇谷

「いかりたに」「ていや」と読む場合も。海事関係に多い名字で、「碇屋」の屋号から転じたともいわれる。秋田県に多い名字。

2

長船

「ながふね」「おさふな」と読む場合も。備前(びぜん)国邑久(おく)郡長船村（現・岡山県南東部）がルーツ。「備前長船」という刀工が有名。

3

棟方

「むねかた」「とうかた」「とうがた」とも読む。桓武平氏の流れを汲む家系といわれ、かつての武蔵国、奥州、信濃に多い名字。

4

窪井

窪地と水を汲む井戸という地形から名付けられた名字。ちなみに「窪塚」姓は上野国（現・群馬県）が起源とされる。

5

香西

「こうさい」「かさい」「かにし」「こうせい」などとも読む。讃岐国（現・香川県）香川郡香西村がルーツ。福岡、岡山、大阪に多い。

6

酒匂

「さかわ」「さかい」「しゅこう」などとも読む。相模国（現・神奈川県）足柄郡酒匂庄がルーツ。桓武平氏・梶原氏の流れを汲む。

7

高階

「たかなし」「たかはし」「たかがい」などとも読む。「高」は高い場所、高いさまが由来。奈良、愛知、千葉、静岡などに多い名字。

8

布袋

「ほうたい」「ふてい」「ほたい」などとも読む。越中国（現・富山県）砺波郡布袋村がルーツとも言われるが不明。大阪に多い。

007

初級編

四字熟語①

知っていて当たり前!

囲みから漢字を選んで空いている□に記入し、( )には読みを書きましょう。囲みの漢字は複数使用可(使用しないものもあり)。

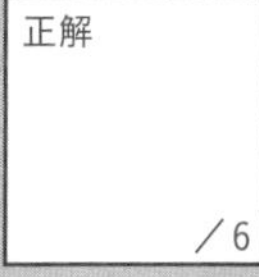

正解 ／6

答えは次のページに

一 二 三 四 五 六 七
八 九 十 百 千 万

1 □長□短 ( )

2 □変□化 ( )

3 □石□鳥 ( )

4 □寒□温 ( )

5 □苦□苦 ( )

6 □発□中 ( )

007➡解答

1

読み「いっちょういったん」
人物や物事には、よい面も悪い面もあること。長所もあり短所もあって、完全でないこと。例文「どちらの案も、実用化の点で一長一短だ」

2

千変万化

読み「せんぺんばんか」
場面、事態、様子などが次々に変化すること。偃師(えんし)が人間のように千変万化に動く人形を作って穆(ぼく)王に献上、喜ばれたことが由来（「列子(れっし)」周穆王）。

3

読み「いっせきにちょう」
石を一つ投げて二羽の鳥を得ること。一つの行為や苦労で、二つの目的を同時に果たす、または二つの利益を得るたとえ。「一挙両得」も同じ意味。

4

三寒四温

読み「さんかんしおん」
冬に寒い日が三日続くと、そのあとに比較的暖かい日が四日続く、寒暖の周期を表す。もとは中国の東北部や朝鮮半島北部で冬の気候を表す言葉。

5

四苦八苦

読み「しくはっく」
思うようにいかず、非常に苦労しているさま。仏教用語で、「四苦」は生・老・病・死の四つの苦しみ、「八苦」は四苦に「愛別離苦」などの四つを加えたもの。

6

百発百中

読み「ひゃっぱつひゃくちゅう」
発射すれば必ず命中すること。転じて、計画や予想がすべて当たること。春秋時代の楚(そ)国の将軍で弓の名人・養由基(ようゆうき)の逸話が由来（「戦国策」「史記」）。

同音異義語❶

あれどっちだっけ？

❶～❹の〈　〉に当てはまる漢字をⒶⒷから選んで○をつけましょう。
ⒶⒷは同じ読みでも意味が異なる「同音（同訓）異義語」です。

正解
／4

答えは次のページに

1 〈きせい〉を緩和する
Ⓐ 規正
Ⓑ 規制

2 話の〈しんぎ〉を確かめる
Ⓐ 真偽
Ⓑ 信義

3 放課後に校庭を一般に〈かいほう〉する
Ⓐ 開放
Ⓑ 解放

4 王朝の〈せいとう〉な後継者を選ぶ
Ⓐ 正当
Ⓑ 正統

008➡解答

1

Ⓐ 規正 ×

Ⓑ 規制 ○

「規正」は悪い点を正しく直すこと、「規制」は何かを制限すること。緩和する場合は「規制」が正解。規正は「不均衡を規正する」などと使う。

2

Ⓐ 真偽 ○

Ⓑ 信義 ×

「真偽」は真実と偽り。「信義」は約束を守り務めを果たすことで、「信義を確かめる」とは言わない。「**真義**（本当の意義）を確かめる」という表現ならアリ。

3

Ⓐ 開放 ○

Ⓑ 解放 ×

開放は「開け放す」がもとになった熟語で、対義語は「閉鎖」。解放は「解き放す」がもとになった熟語で、対義語は「束縛」。対義語を考えると間違いにくい。

4

Ⓐ 正当 ×

Ⓑ 正統 ○

「正統」は正しい系統や血筋で、対義語は「異端」。「正当」は正しく道理にかなうことで、対義語は「不当」。正統は血筋、正当は権利や主張に対して使う。

009
初級編

うっかり「誤用」にご用心!

正しい意味❶

❶～❹の熟語は誤った意味が一般化しています。本来の正しい意味をⒶⒷから選んで○をつけましょう。

答えは次のページに

❶ 雨模様

Ⓐ 今まさに雨が降っている様子

Ⓑ 今にも雨が降りそうな空の様子

❷ 知恵熱

Ⓐ 普段より頭を使いすぎたときに出る熱

Ⓑ 生後6か月～1歳頃の乳児に突然起こる発熱

❸ 元旦

Ⓐ 1月1日の朝

Ⓑ 1月1日

❹ 確信犯

Ⓐ 悪いことと理解していながら行う犯罪

Ⓑ 政治・思想・宗教的な自らの主張を正しいことだと確信して行う犯罪

1

B

雨模様

今にも雨が降りそうな空の様子

読み「あめもよう」「あまもよう」

最近では、雨がすでに降っているときにも使用されることがあるが、本来は、雨がまだ降っていないが今にも降りそうなくもり空を表す言葉。

2

B

知恵熱

生後6か月〜1歳頃の乳児に突然起こる発熱

読み「ちえねつ」

いつもより頑張って勉強した後に発熱して「知恵熱だ」などと周囲の人にからかわれた経験はありませんか？　実はこれは誤った使い方。

3

A

元旦

1月1日の朝

読み「がんたん」

1月1日、丸々一日を表す言葉は「元日（がんじつ）」。「元旦」は「元日の朝」限定の表現。年賀状に「元旦」と書いた場合、早く投函しないと元旦には届かない。

4

B

確信犯

政治・思想・宗教的な自らの主張を正しいことだと確信して行う犯罪

読み「かくしんはん」

最近では、悪いことだとわかっていながら行われる行為、犯罪にも使われるが、もともとは法律用語で、正しいという信念に基づいて行われる犯罪行為。

010
初級編

部首を探す❶

まずはおなじみの部首から

□の漢字の部首を囲み、その部首名を囲みから選んで（　）に書きましょう。

つかんむり、しょう（⺌）、まだれ、うかんむり、あなかんむり、りっしんべん、こざとへん、おおざと、いとへん、にんべん

1 営
（　　　）

2 性
（　　　）

3 広
（　　　）

4 陸
（　　　）

5 容
（　　　）

6 絹
（　　　）

正解
／6

答えは次のページに

010→解答

漢字の色が濃い部分が部首に当たります。

1

つかんむり

「くち（口）」を部首としている辞書もある。「小（⺌）」という部首と間違いやすい。旧字体の「營」の場合、部首は「火」。

3

まだれ

家の屋根の象形から「广」の形になった。「まだれ」という部首の名称は、「麻（ま）」の文字の「垂（た）れ」に当たることに由来。

5

うかんむり

屋根の形を表し、家屋に関する漢字に使われる。「うかんむり」という言葉は、カタカナの「ウ」に似ていることから。

2

りっしんべん

「こころ（心）」に属する部首で、左側に位置するときは「忄」、下に位置する場合は「⺗」（したごころ）になる。

4

こざとへん

「こざとへん」は「阜」という文字が由来。段のついた土の山を表す象形文字で、「丘」に関連する地形・状態に使われる。

6

いとへん

細い糸をより合わせた形の象形。「絆・組」など、人と人をつなぐ、続くことを意味する漢字に使われることが多い。

011

初級編

できて当然！　小学生レベル

漢字検定６級【書き問題】

〈　〉の言葉を（　）に漢字（送りがながつく場合もあり）で記入しましょう。

1 〈ふじん〉用品売り場に行く（　　）

2 彼は〈かんせい〉が豊かだ（　　）

3 部屋の〈さいこう〉が気になる（　　）

4 熱〈でんどう〉がよい素材（　　）

5 実家は書店を〈いとなむ〉（　　）

6 本物を見て目を〈こやす〉（　　）

7 少数意見を〈しりぞける〉（　　）

正解

／7

答えは次のページに

011 → 解答

1

〈婦人(ふじん)〉用品売り場に行く

「婦人」は成人した女性、既婚の女性を表す言葉。対して「夫人」は「社長夫人」「○○氏の夫人」など、他人の妻を指すときのみ使う。

3

部屋の〈採光(さいこう)〉が気になる

建築物の室内の環境を調整するため、外部から自然光を取り入れること。「採」には取り入れる、取り出す、集めるの意味がある。

5

実家は書店を〈営(いとな)む〉

「営」にはこしらえる、作り整えるのほか、仕事・事業をする、行うという意味がある。部首は「⺍」(つかんむり)。

7

少数意見を〈退(しりぞ)ける〉

「退」は衰える、廃れる、勢いを失うのほか、色があせる、色がさめるという意味もある。部首は「辶」(しんにょう)。

2

彼は〈感性(かんせい)〉が豊かだ

物事を心に深く感じ取る働き。「性」には「生まれつきの本質」という意味がある。「感性」は哲学用語でもあり、「理性」「知性」の対義語。

4

熱〈伝導(でんどう)〉がよい素材

伝え導くこと、熱や電気が物体内を移動する現象のこと。同音異義語に「電導」「伝道」「電動」などがある。

6

本物を見て目を〈肥(こ)やす〉

「肥」は太る、体の肉づきがよいことを表す漢字。部首は「月」(にくづき)。文字の由来は「切った肉」と「太った人間」の象形を組み合わせたもの。

豆知識

「表意文字」と「象形文字」

「表意文字」は一つの文字が意味を持つもの。漢字のもとになった絵が、そのままその文字の意味になる「象形文字」もこれに含まれる。

012 初級編

常識のことわざ・慣用句❶

知っていて当たり前！

囲みから言葉を選んで1～8の□に記入し、ことわざ・慣用句（故事成語）を完成させましょう。囲みには使用しない言葉もあります。

答えは次のページに

漁賦　一巻　背水　白羽　目子
日薬　漁夫　馬子　念仏　一貫
白刃　食指　百薬　排水　唸仏

1 □□が動く

2 □□の矢が立つ

3 □□にも衣装

4 馬の耳に□□

5 □□の終わり

6 酒は□□の長

7 □□の陣

8 □□の利

012→解答

1 食指が動く

読み「しょくしがうごく」

鄭国の子公という人物が人さし指が動いたのを見て、ごちそうにありつける前兆と言ったのが由来（「春秋左伝」）。食欲が起こる、物事に対し欲望や興味が生じる。

2 白羽の矢が立つ

読み「しらはのやがたつ」

神への供え物として人間が捧げられ（人身御供）、生け贄の家の屋根に目印として白羽の矢が立てられたことに由来。抜擢される、犠牲者に選ばれるの意味。

3 馬子にも衣装

読み「まごにもいしょう」

どんな人間でも身なりを整えれば立派に見えることのたとえ。「馬子」は「ま」にアクセントを置く。「ご」にアクセントがある「孫」とは発音が異なるので注意しよう。

4 馬の耳に念仏

読み「うまのみみにねんぶつ」

立派なこと理想的なことを、その価値のわからない人に言い聞かせても効果がないことのたとえ。「豚に真珠」「猫に小判」「犬に論語」の慣用句も、ほぼ同じ意味。

5 一巻の終わり

読み「いっかんのおわり」

一つの物語の結末がつくこと（特に死ぬこと）。転じて、今から何かをしようとしても物事がもうすでに手遅れの状態であることを表す。

6 酒は百薬の長

読み「さけはひゃくやくのちょう」

前漢を滅ぼし新朝を建てた王莽が、酒を称えて言った言葉（「漢書」食貨志）。酒はほどよく飲めば、どんな薬よりも健康のためによいという意味。

7 背水の陣

読み「はいすいのじん」

漢の韓信が趙との戦いの際に、あえて退路がない川を背に陣を敷いたことが由来（「史記」淮陰侯伝）。決死の覚悟で事に当たることのたとえ。

8 漁夫の利

読み「ぎょふのり」

趙の侵攻を知った燕の昭王が使者を派遣し、両国が戦えば秦を利すると説得したことに由来（「戦国策」燕策）。二者が争うことで、第三者が利することのたとえ。

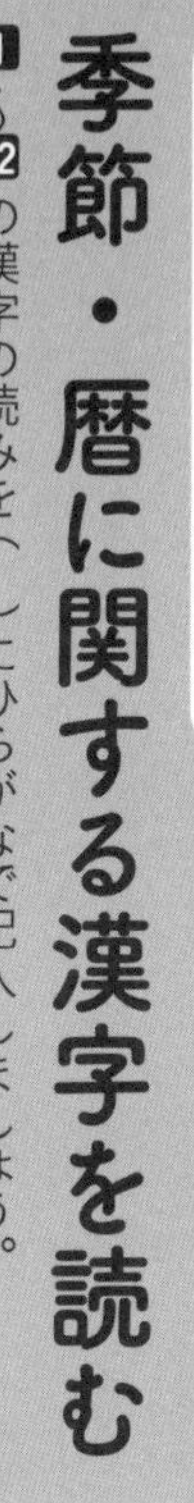

013

初級編

意外と難しい特殊な表現！

季節・暦に関する漢字を読む

1～12の漢字の読みを（　）にひらがなで記入しましょう。

正解

／12

答えは次のページに

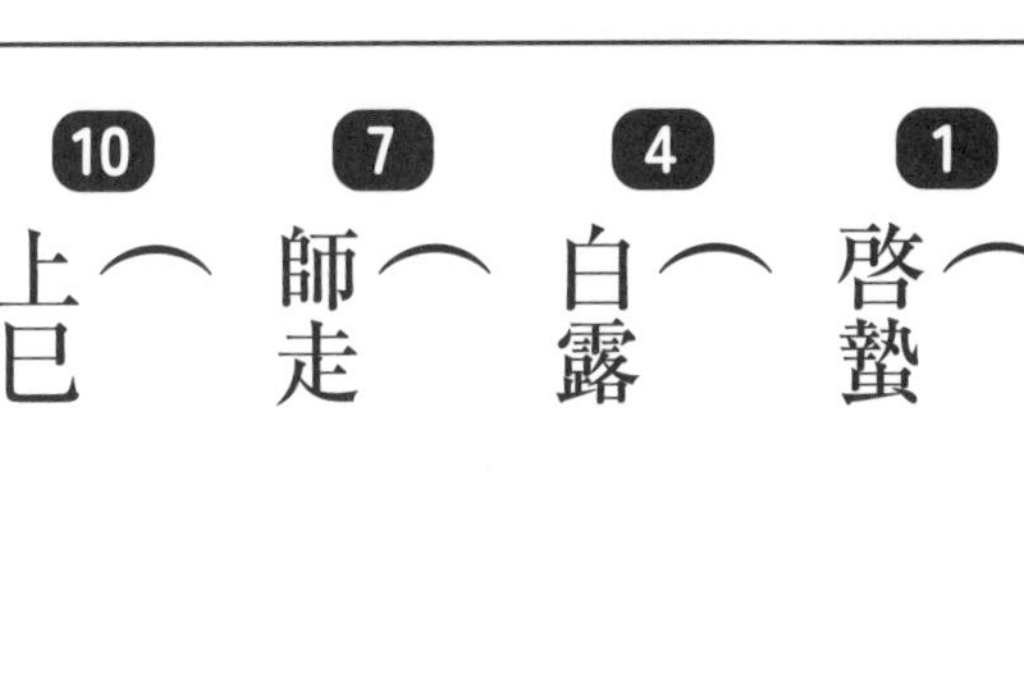
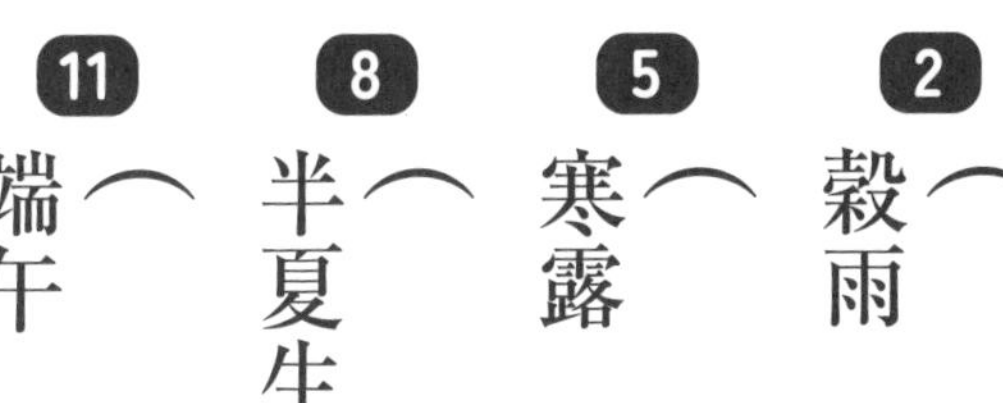
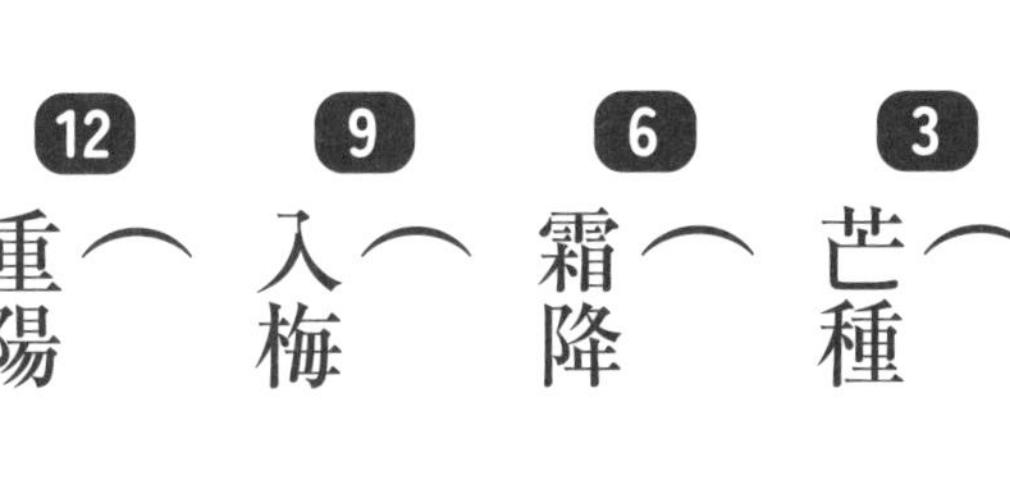

1 啓蟄（　　）

2 穀雨（　　）

3 芒種（　　）

4 白露（　　）

5 寒露（　　）

6 霜降（　　）

7 師走（　　）

8 半夏生（　　）

9 入梅（　　）

10 上巳（　　）

11 端午（　　）

12 重陽（　　）

013→解答

1 けいちつ

二十四節気の二月節（新暦3月6日前後）。「啓」は開く、「蟄」は虫などが土中に隠れ閉じこもるの意味。

2 こくう

二十四節気の三月中気（ちゅうき）（新暦4月20日前後）。「穀雨」とは穀物の成長を助ける雨のこと。

3 ぼうしゅ

二十四節気の五月節（新暦6月6日前後）。芒（のぎ）ある穀類の種をまく時期を意味する。

4 はくろ

二十四節気の八月節（新暦9月8日前後）。大気が冷えてきて、露ができ始める頃という意味。

5 かんろ

二十四節気の九月節（新暦10月8日前後）。夜が長くなり、露が冷気によって凍りそうになる時期。

6 そうこう

二十四節気の九月中気（新暦10月22日前後）。風がいっそう冷たく感じられ、霜が降りる頃。

7 しわす

旧暦12月のこと（新暦の場合も使う）。「師走」は当て字で、語源は「師馳す（しはす）」「年果つ（としはつ）」「四極（しはつ）」など。

8 はんげしょう

七十二候の一つで夏至から数えて11日目（新暦7月2日頃）。半夏という薬草が生える頃を意味する。

9 にゅうばい

五月節の芒種に入って最初の壬（みずのえ）の日、現在は新暦6月11日頃。梅雨（つゆ）が始まるとされている日。

10 じょうし

旧暦3月3日の五節句の一つ。「桃の節句」とも言われる。上巳節に雛人形を飾るのは、日本特有の風俗。

11 たんご

五節句の一つ。もとは旧暦5月の最初の午（うま）の日の節句で、奈良時代に5月5日となった。

12 ちょうよう

五節句の一つで旧暦9月9日。「菊の節句」とも。「9」は陰陽思想の陽の数で、重なるので「重陽」と言う。

014
初級編

あれどっちだっけ？

正しい漢字❷

1～4の〈　〉の読みに当てはまる正しい漢字をA Bから選んで○をつけましょう。

正解
／4

答えは次のページに

1 あなたが正しいとは〈いちがい〉には言えない

A 一概
B 一慨

2 足に〈いわかん〉を覚える

A 違和感
B 異和感

3 あの人は〈てんけいてき〉な優等生

A 典型的
B 典形的

4 〈しゅこう〉を凝らしたイベントに感動する

A 趣向
B 趣好

014➡解答

1

A 一概 ○

B 一慨 ×

「概」はだいたいのところ、おおむね、あらましの意味。「慨」は思うようにならず、恨み悲しむこと。ともに「がい」と読むが、「一慨」という表現はない。

2

A 違和感 ○

B 異和感 ×

「いわかん」は他と合わない、しっくりしない感じを意味することから、間違って「異」を使いやすいので注意。「違」には間違う、一致しないという意味がある。

3

A 典型的 ○

B 典形的 ×

「典型」は基準、規範となる形式。物事の特徴的な性質を表しているものを示す。「形」は姿、形状の意味があるが、基本「典形」という熟語は用いない。

4

A 趣向 ○

B 趣好 ×

「趣向」は、味わいやおもしろみが出るように工夫すること。趣味・嗜好という言葉から、「趣好」と間違って書く場合があるが、趣好という熟語はない。

015

初級編

楽しみながらできる

漢字スケルトンパズル❶

囲みの文字を漢字にして、マス目を埋めてください。

うんちんひょう　がっこうだいひょう
こううん　こうていかいほう　こっか
せいぶつがく　ぜんご　ていこく
ちゅうこうねん　ちゅうがくせい
ていおうせっかい　ほうかご

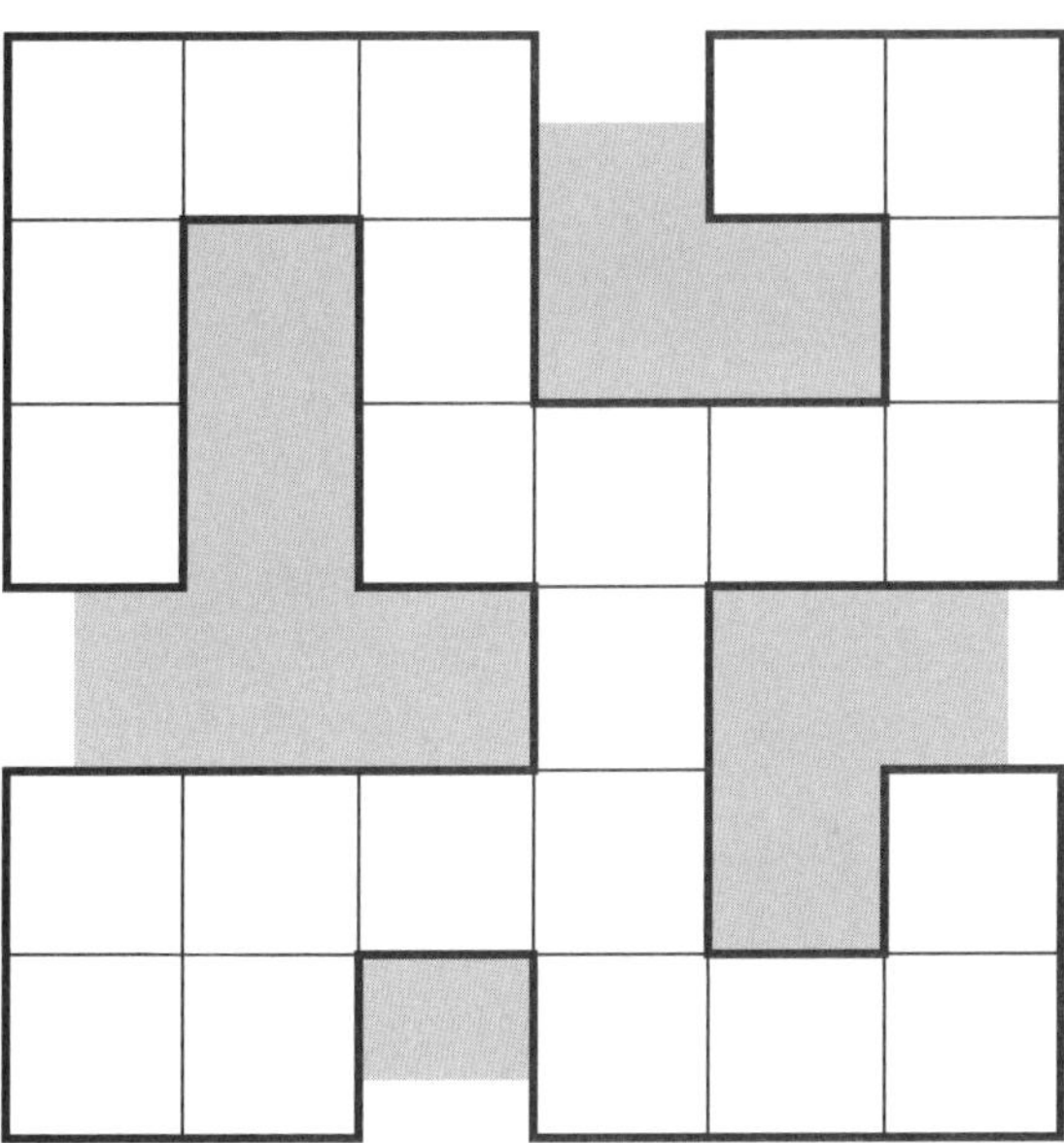

答えは次のページに

015→解答

中	学	生		幸	運
高		物			賃
年		学	校	代	表
			庭		
帝	王	切	開		前
国	家		放	課	後

まずは囲みの言葉をすべて漢字にして、それからマス目を埋めていけば簡単にできるよ。4文字の熟語から当てはめてみて。

016
初級編

できて当然！　小学生レベル

漢字検定5級【書き問題】

〈　〉の言葉を（　）に漢字（送りがながつく場合もあり）で記入しましょう。

1 〈せいか〉市場で仕入れる　（　　）

2 世の中の〈かんしゅう〉に従う　（　　）

3 大声で詩を〈ろうどく〉する　（　　）

4 努力が〈とろう〉に終わる　（　　）

5 計画が1か月〈のびる〉　（　　）

6 昇級試験に〈そなえる〉　（　　）

7 生涯かけて学問を〈おさめる〉　（　　）

正解
／7

答えは次のページに

016→解答

1 〈青果（せいか）〉市場で仕入れる

「青果」は野菜と果物をまとめた総称。スーパーなどで「青物」という表示が使われるが、この場合は野菜だけでなく、青魚が含まれることが。

2 世の中の〈慣習（かんしゅう）〉に従う

「慣習」はある社会で古くから受け継がれてきている生活上のならわし、しきたりのこと。類義語に「習慣」「慣例」など。

3 大声で詩を〈朗読（ろうどく）〉する

「朗読」は声に出して文章などを読み上げる。特に情感を込めて詩文を読むこと。「朗」には気持ちが明るい、高らかという意味がある。

4 努力が〈徒労（とろう）〉に終わる

「徒労」は無駄なことに力を費やすこと、骨を折ってしたことが報われないさま。「努力が徒労に帰（き）す」なども表現される。

5 計画が1か月〈延（の）びる〉

「延びる」は日時が遅れる、物につなげられて長くなる場合に使う。「伸びる」は生長によって長くなる、勢いや力が増す場合に用いる。

6 昇級試験に〈備（そな）える〉

「備」には前もって用意する、足りないものがなく揃っていること。「備（具・悉）に」（細かくて詳しいの意味）と書いて「つぶさに」とも読む。

7 生涯かけて学問を〈修（おさ）める〉

「収・納・修・治」は使い分けに悩む漢字。「修める」は学問・技芸を身につける、行いを正しくする、壊れたところを補い直す場合に使う。

豆知識

「表音文字」

「表意（象形）文字」に対して、「表音文字」は音声（音韻）だけを表す。日本語のひらがなやローマ字がこれに当たる。

017 初級編

常識のことわざ・慣用句❷

知っていて当たり前！

囲みから言葉を選んで1～8の□に記入し、ことわざ・慣用句（故事成語）を完成させましょう。囲みには使用しない言葉もあります。

正解　／8

答えは次のページに

耳　粟　引導　足　尾　威　図
馬客　泡　休　馬脚　穴　児
引道　窮　米

1 □に乗る

2 □を現す

3 濡れ手で□

4 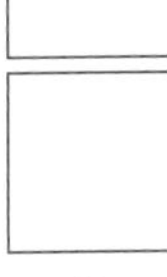を渡す

5 □を洗う

6 □を揃える

7 虎の□を踏む

8 万事□す

017→解答

1 図に乗る

読み「ずにのる」

いい気になって勢いづく。調子に乗ること。「図」とは僧が唱える声楽「声明（しょうみょう）」の転調のこと。転調は難しく、うまく調子に乗れたことを「図に乗る」と言った。

2 馬脚を現す

読み「ばきゃくをあらわす」

隠していた本性や悪事が明らかになること。「馬脚を露わす」とも。「馬脚」は、馬の脚を演じる役者がうっかり姿を見せてしまうことで、中国元時代の劇が由来とも。

3 濡れ手で粟

読み「ぬれてであわ」

穀物の粟を濡れた手でつかむと、粒がいっぱいくっつき、たくさんつかめることから、苦労せずに多くの利益を得ることを意味する。「濡れ手に粟」は本来は誤り。

4 引導を渡す

読み「いんどうをわたす」

もとは仏教用語で、人々を導いて仏道に入れること、僧が故人をあの世に送り出す儀式。転じて、見込みのない人に諦めるよう、最終的な宣告をすること。

5 足を洗う

読み「あしをあらう」

悪事や好ましくない職業から抜け出ること。堅気（かたぎ）になること。もとは仏教用語で、修行僧が汚れた足を洗い、俗世間の煩悩を洗い清めることに由来する。

6 耳を揃える

読み「みみをそろえる」

「耳」には紙や食パンなどの縁（ふち・へり）という意味もある。そこから大判・小判の縁を揃える、必要な金額を不足なく用意することを意味する。

7 虎の尾を踏む

読み「とらのおをふむ」

極めて危険なことをすることのたとえ。「易経（えききょう）」の「履卦（りけ）」にある「虎尾を踏む、人を咬（か）まず（虎の尾を踏めば、人は咬まれて当然）」が語源。「虎の威を踏む」は誤り。

8 万事休す

読み「ばんじきゅうす」

万策尽きること。甘やかされて育った荊南（けいなん）の王子が、怒られても睨まれても笑う姿にあきれた人々の言葉が由来（「宋史」荊南高氏世家）。「万事窮す」は誤り。

018

初級編

あれどっちだっけ？

同音異義語❷

1〜**4**の**A**・**B**は同じ読みでも意味が異なる「同音異義語（同訓異義語）」です。□に読みに該当する漢字を記入しましょう。

答えは次のページに

1

A □（きょう）□（ちょう）した表現

B □（きょう）□（ちょう）性に欠ける

2

A 地域の□（こう）□（ほう）活動

B □（こう）□（ほう）で告知する

3

A 運賃を□（せい）□（さん）する

B 借金を□（せい）□（さん）する

4

A □（しょう）□（めい）写真を撮る

B 正真□（しょう）□（めい）の天才だ

018→解答

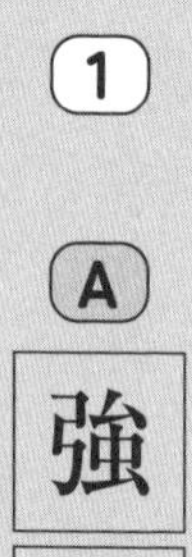

1

A 強調

B 協調

「強調」は強く主張すること、ある一部分を目立つように表現すること。「協調」は互いに譲り合って調和しようとすること。一般に「強調**性**」とは使わない。

2

A 広報

B 公報

「広報」は一般企業や民間団体などが、活動状況や事業の内容を広く知らせること。「公報」は**公共機関**が発する条例や規則の公布、告示などの報告。

3

A 精算

B 清算

「精」はこまやか、詳しいの意味で、「精算」は金額を細かく計算して金額を確定すること。「清算」は過去や関係をきれいにするという意味を持つ。

4

A 証明

B 正銘

「証明」はある物事や判断の真偽を、証拠を挙げて明らかにすること。「正銘」は偽りなくその通りのものであること、本物の意味。

019 初級編

漢字バラバラパズル❷

ゆっくり考えれば大丈夫

□の中のバラバラになった部品を組み合わせて漢字1文字を作り、（　）に記入しましょう。

1 （　　）

忄 又 土

2 （　　）

辶 乃 禾

3 （　　）

皿 犭 子

4 （　　）

巾 口 冖 ⺍

5 （　　）

白 月 水

6 （　　）

立 疒 口 十 尸

正解

／6

答えは次のページに

019→解答

1

部首は「心」という漢字が由来の「忄(りっしんべん)」。「又(また)」や「土(つち)」ではない。「怪」は怪しい、信用できない、不思議なという意味がある。

3

猛

「子(こ)」や「皿(さら)」という部首もあるが、「猛」の部首は「犭(けものへん)」で、たけだけしい、荒々しいという意味を持つ。ちなみに「孟」の部首は「子」。

5

腺

部首は「月(にくづき)」。「つきへん」と同じ文字を用いているが、本来は日月の「月」ではなく「肉」の象形。「腺」は体液の分泌作用を営む器官のこと。

2

透

部首は「辶(しんにょう・しんにゅう)」。「辵辶」も同じ部首のこと。「辵」→「⻌」→「辶」の順で略された。「透」は透ける、突き抜けるという意味。

4

常

部首は「巾(はば)」で、「⺍(つかんむり)」や「⺌(しょう)」ではない。ちなみに、「⺌」は「小」という漢字がもとになった部首で、「少・当・尚」がある。

6

癖

「癖」はクセ、偏った修正のこと。部首は「疒(やまいだれ)」。「疒」の漢字には、「疲・病・症・癒・療」など、病気に関するものが多い。

あれどっちだっけ？

正しい漢字③

1～7の〈　〉の漢字で正しいほうを○で囲みましょう。

正解

／7

答えは次のページに

1 被告が〈法延・法廷〉に現れた

2 事故で〈重症・重傷〉を負う

3 〈待遇・待偶〉を改善する

4 人体は精巧な〈機械・器械〉のひとつだ

5 〈親善・真善〉試合が行われる

6 計画を〈綿密・絹密〉に練る

7 周囲の〈批判・比判〉を受ける

020→解答

1 〈法延・**法廷**〉

「廷」はもとは庭を表す漢字で、政務や裁判を行う場所を意味する。「延」はのびる、のばすの意で、そもそも「法延」という言葉はない。

2 〈重症・**重傷**〉

「重症」は病気や症状が重いことで、対義語は「軽症」。重傷は傷の程度が重いことで、対義語は「軽傷」。事故の場合は傷なので「重傷」。

3 〈**待遇**・待偶〉

「遇・偶」は、ともに思いがけず出会うことの意味がある。「遇」は熟語の最後（遭遇、奇遇など）、「偶」は最初（偶然、偶発など）によく使われる。

4 〈**機械**・器械〉

「機械」は動力装置を持つ仕掛けで、複雑なしくみを備えている規模の大きな物。「器械」は動力装置を持たない単純な道具を意味する。

5 〈**親善**・真善〉

「親善」は、互いを知り合い、仲よくすること。「真善」という表現はないが、理想を実現した最高の状態を意味する「真善美」という言葉はある。

6 〈**綿密**・絹密〉

「綿」には連なる、細かいという意味がある。「綿密」はやりかたが細かく、落ちのないことを表す。ちなみに、「絹密」という言葉はない。

7 〈**批判**・比判〉

「比」はくらべる、並べる、仲間の意味。比に手偏がついた「批」には、手で打つ、たたく、正す、是非を決めるという意味がある。

021
初級編

楽しみながらできる

漢字ナンクロスケルトンパズル❶

マス目の同じ数字には同じ漢字が入ります。すべてのマス目を埋めましょう。

時	1	外		2	語
		2	公	立	
	3	4		3	空
料	5		見	学	
理		5	物		
4	1		4	気	者

〔対応表〕

1	2	3	4	5

正解

／5

答えは次のページに

021→解答

時	間	外		国	語
		国	公	立	
	大	人		大	空
料	金		見	学	
理		金	物		
人	間		人	気	者

〔対応表〕

1	2	3	4	5
間	国	大	人	金

COLUMN

由来が面白い熟語❶

出世（しゅっせ）

仏教用語で、仏が衆生（しゅじょう）を救うために世に生まれ出ること、仏道に入ること。転じて、世の中に出て立派な地位、身分になること。

名刺（めいし）

中国・唐の時代、紙がまだ発明されていなかったので、竹木を削って姓名を刻んだ。これを「刺（し）」と言い、現代の名刺となった。

沽券（こけん）

土地や家屋などの売買の際、売り主から買い主に渡される証文のこと。江戸時代頃には売値、のちに人の値打ちを意味する言葉に。

試金石（しきんせき）

本来は金などの貴金属の純度を調べるために使用されていた、黒色の硬い石のこと。転じて、物や人の価値を計る基準となる物事。

老舗（しにせ）

伝統や格式のある店のことを意味する言葉だが、もともとは真似て行う、家業を継ぐという意味の「仕似（しに）す」「為似（しに）す」が語源とされる。

秘書（ひしょ）

現在は要職の人のサポート役を意味するが、もとは中国の歴史書『漢書』に登場する言葉で、宮中の蔵書、秘蔵の書物を意味した。

玄人（くろうと）

「玄人（黒人（くろひと））」は「素人（しろうと）（白人（しろひと））」の対義語。「玄」には黒色の意味があり、「黒」よりも奥深く、容易ではないというニュアンスがある。

金字塔（きんじとう）

エジプトのピラミッドが「金」の文字の形に似ていることからの当て字。転じて、後世に永く残る偉大な業績の代名詞となった。

COLUMN

由来が面白い熟語❷

登竜門（とうりゅうもん）

「竜門」は中国の黄河上流にある急流のこと。『後漢書』にある「竜門を登りきった鯉がいたら、竜になる」という言い伝えが由来。

未曽有（みぞう）

仏教用語で、仏の功徳の尊さ、神秘なことを賛嘆した言葉。梵語の「奇跡」を意味する「adbhuta」をを三蔵法師が「未曽有」と訳した。

口裏（くちうら）

人の言葉を聞いて吉凶を占う「口占（くちうら）」が由来。この占いでは言葉に隠されている本心（＝裏）を読むことから、「口裏」となった。

指南（しなん）

古代中国の方角を指し示す車「指南車（しなんしゃ）」に由来する。指南車とは、人が引く二輪の車で、車上に常に南を向く人形を備えつけたもの。

互角（ごかく）

『平家物語』などでは「牛角」と書き、大小の差がない牛の左右の角のように、二つが同等であること。「互角」の表記は室町時代以降。

野心（やしん）

中国『春秋左氏伝（しゅんじゅうさしでん）』にある、「人に飼われても、狼の子は野にあったことを忘れず、飼い主を害そうとする」という言葉に由来する。

白書（はくしょ）

日本の官公庁が発行する公式な報告書の一つ。イギリス政府が作成する外交報告書の表紙が白かったことに由来する。

経済（けいざい）

江戸時代の『経済録（けいざいろく）』という書にある「経世済民」（世を経（おさ）め、民の苦しみを済（すく）う）が由来。明治になり「economy」の訳に採用された。

知っていて当たり前！

大人の教養

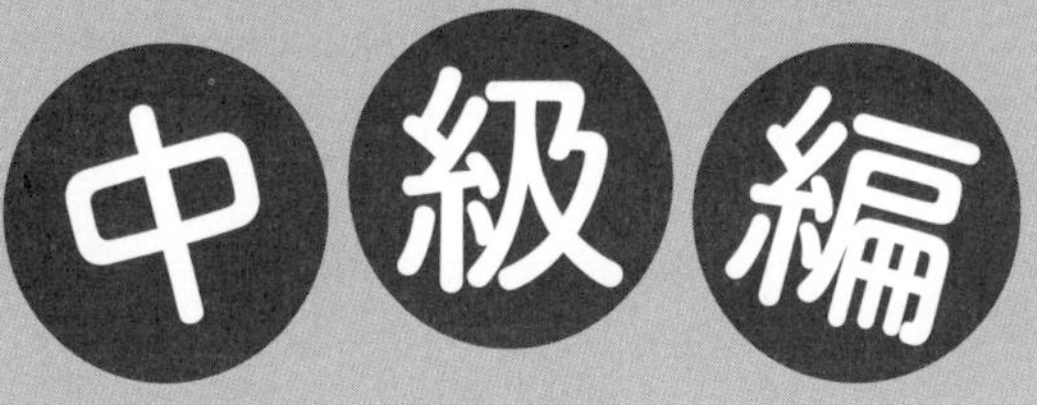

「中級編」は主に漢字検定4～2級の
中学・高校生レベル※の問題です。
日常的に耳慣れた言葉でも、漢字にするとわかるかな？

※漢字のレベルは例外もあります。

022 中級編

楽しみながらできる

漢字入りクロスワード❷

大きなマス目には漢字を記入しましょう。漢字は音読み、訓読み、どちらのパターンもあります。タテ・ヨコのカギをヒントに、ほかのすべてのマス目もカタカナで埋めてください。

正解

／1

答えは54ページに

タテのカギ

1 早口言葉「生麦○○○○生卵」
2 アフロディーテや天照大神は？
3 赤ちゃんのよだれかけ
4 停留所で乗降する乗り物
5 電車や飛行機などの総称
7 初詣でお参りに行く場所
10 かわいい子には○○をさせよ
12 ○○○を共にした熟年夫婦
14 輪っかを持つサターン
15 五線紙。演奏をするときに見るもの
16 英語ではストーン

ヨコのカギ

2 徳川吉宗が設置した、庶民の投書を集めるボックス
6 災いを生じさせるゴッド
8 「少数」の反対
9 礼拝の対象となる神聖なものを敬う呼び方
11 タイルとタイルの間の継ぎ目
12 何もない。バットが○○を切る
13 旅先で泊まるところ
15 ピアノやギター、サックスなど
17 クラシックの歌曲やオペラを歌うのが仕事の人
18 剣道で持つものは？

1	■	2		3	4	5
6	7		■	8		
9			10		■	
11		■		■	12	
■	13	14	■	15		
16	■	17				
18			■		■	

022→解答

<table>
<tr><td>ナ</td><td></td><td>メ</td><td>ヤ</td><td>ス</td><td>バ</td><td>コ</td></tr>
<tr><td>マ</td><td colspan="2" rowspan="2">神</td><td></td><td>タ</td><td>ス</td><td>ウ</td></tr>
<tr><td>ゴ</td><td>タ</td><td>イ</td><td></td><td>ツ</td></tr>
<tr><td>メ</td><td>ジ</td><td></td><td>ビ</td><td></td><td>ク</td><td>ウ</td></tr>
<tr><td></td><td>ヤ</td><td>ド</td><td></td><td colspan="2" rowspan="2">楽</td><td>キ</td></tr>
<tr><td>イ</td><td></td><td>セ</td><td>イ</td><td>カ</td></tr>
<tr><td>シ</td><td>ナ</td><td>イ</td><td></td><td>フ</td><td></td><td>ン</td></tr>
</table>

左上の漢字は「魔神」「女神」「御神体」「神社」、右下は「声楽家」「苦楽」「楽器」「楽譜」。できたかな?

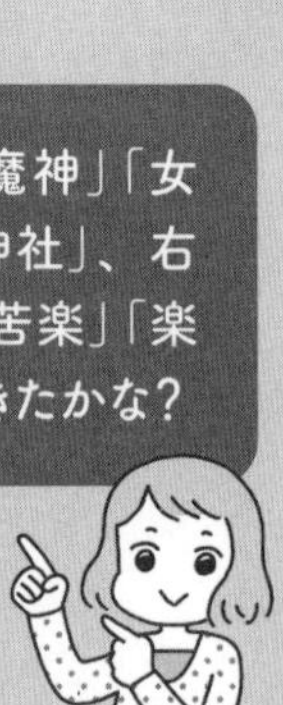

あれどっちだっけ？

正しい漢字④

1〜4の〈 〉の読みに当てはまる正しい漢字をABから選んで○をつけましょう。

答えは次のページに

1 〈きべん〉を弄する
A 詭弁
B 企弁

2 〈かんだか〉い声で叫ぶ
A 感高
B 甲高

3 火の〈しまつ〉はしっかり行うこと
A 始末
B 仕末

4 忠告は肝に〈めい〉じて決して忘れません
A 銘
B 命

023→解答

1

Ⓐ 詭弁 ○

Ⓑ 企弁 ×

「詭弁」は道理に合わない、言いくるめの議論のこと。「詭」は偽る、あざむくという意味がある。奇弁、危弁とも書くが、「企弁」という言葉はない。

2

Ⓐ 感高 ×

Ⓑ 甲高 ○

「甲」には、外側を覆う硬い殻、よろいかぶと、爪などの意味のほかに、十干の「きのえ」を表す。日本では一般に高い音域の音を「甲（かん）音」と言う。

3

Ⓐ 始末 ○

Ⓑ 仕末 ×

仕組みや仕事の「仕」を間違って使いがちだが、「始末」が正解。始末には、物事の最初と終わり、事の次第を意味し、「後始末」「始末に負えない」などと使う。

4

Ⓐ 銘 ○

Ⓑ 命 ×

「銘じる」は金属や石などに刻みつける、書きつけること。「命じる」は命令すること。「肝（内臓）に銘じる」は、心に強く刻み、忘れないことを表す表現。

中級編

読み間違い❷

堂々と声に出して思わず赤面！

1～10の熟語の読みを（　）にひらがなで記入しましょう。

正解　／10

答えは次のページに

1 懸想（　　）

2 灰燼（　　）

3 呵責（　　）

4 吹聴（　　）

5 散華（　　）

6 勤行（　　）

7 固唾（　　）

8 法度（　　）

9 強面（　　）

10 殺生（　　）

024→解答

1 けそう（けしょう）

思いをかけること。恋慕。ラブレターのことを古くは「懸想文（けそうぶみ）」などといった。

2 かいじん

誤読「はいじん」

灰と燃えかすを組み合わせた熟語で、滅びつきるの意味。

3 かしゃく

誤読「かせき」

仏教用語で修行僧への罰の一つ。厳しくとがめてしかること。

4 ふいちょう

誤読「すいちょう」

言いふらすこと。「吹」は「すい」と読む熟語が多いので間違いやすい。

5 さんげ

誤読「さんか」

仏教用語で花をまいて仏を供養すること。若くして死ぬこと。

6 ごんぎょう

誤読「きんぎょう」

仏教用語で仏の修行に勤めること。勤め励むこと。

7 かたず

誤読「かたつば」

事の成り行きを心配して、緊張するときなどに口中にたまるつば。

8 はっと

誤読「ほうど」

禁じられていること。してはならないおきて、さだめ、法規。

9 こわもて

誤読「きょうめん」「つよめん」

こわい顔つきで他人をおびやかすこと、威圧感を与えること。

10 せっしょう

誤読「さっしょう（殺傷）」

仏教用語で生き物を殺すこと。転じて、残酷なこと。

仏教用語は日本の日常用語（俗語）として定着したものも多いんです。「有頂天」や「玄関」もそうだって知ってました？

025 中級編

これ知らないと恥かくよ！

書き間違い❶

❶～❼の文章の中に間違った漢字が使われています。該当する漢字に○をつけ、（　）に正しい漢字を書きましょう。

正解

／7

答えは次のページに

❶ 合格通知に宇頂天になった（　　）

❷ 取り調べで犯人が黙否する（　　）

❸ 人の心の深縁に触れる（　　）

❹ 執擁な要求にうんざりする（　　）

❺ 人真似は応々にして失敗する（　　）

❻ お金を工免する（　　）

❼ 浅草界隅で話題のスポット（　　）

025➡解答

1 合格通知に宇頂天になった

（有）

「有頂天」はもとは仏教用語で、色界の中で最も高い天「色究竟天」のこと。転じて、喜びで舞い上がること。

3 人の心の深縁に触れる

（淵）

「淵」も「縁」も「ふち」という意味があるが、「淵」は深い場所、「縁」はもののへりや周りを表す。

5 人真似は応々にして失敗する

（往）

「往」は行く、前に進む、時間が進むこと。「往」が二つ重なる「往々にして」はよくあることを意味する。

7 浅草界隅で話題のスポット

（隈）

「隈」は「くま」とも読み、もののすみを表す。「隅」は「すみ」と読み、かたすみの意味があるので間違いやすい。

2 取り調べで犯人が黙否する

（秘）

「黙秘」は尋問などに対して、黙ったままでおし通すこと。黙っているのに否定はできないので「黙否」は誤り。

4 執擁な要求にうんざりする

（拗）

「執拗」は主張や態度を頑固に譲らず、しつこいさま。「拗」はすねる、ひねくれる、「擁」は抱く、守るの意味。

6 お金を工免する

（面）

「工面」は手段・方法を考えて手はずを整えること、金回り、懐具合。お金に苦しんでいても「苦面」ではない。

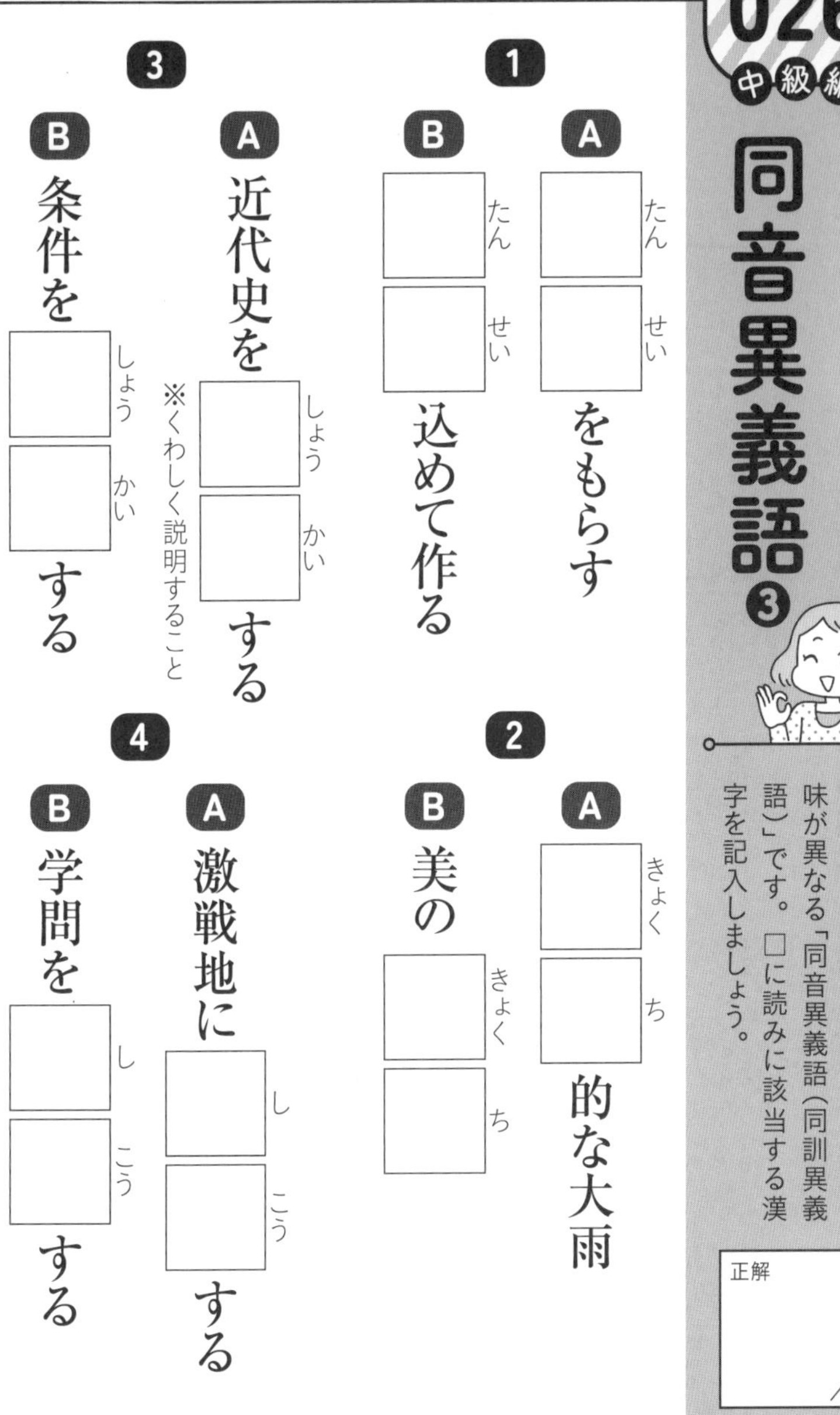

026
中級編

あれどっちだっけ？

同音異義語③

1～4のABは同じ読みでも意味が異なる「同音異義語（同訓異義語）」です。□に読みに該当する漢字を記入しましょう。

正解　／4

答えは次のページに

1

A □□（たんせい）をもらす

B □□（たんせい）込めて作る

2

A □□（きょくち）的な大雨

B 美の□□（きょくち）

3

A 近代史を□□（しょうかい）する

※くわしく説明すること

B 条件を□□（しょうかい）する

4

A 激戦地に□□（しこう）する

B 学問を□□（しこう）する

026→解答

1

Ⓐ 嘆声（歎声）

Ⓑ 丹精

「嘆声（歎声）」は、嘆いたり感心したりして出す、ため息や声のこと。「丹精」は、飾りけや偽りのない心、誠意。「丹精を込める」「丹精を尽くす」などと使う。

2

Ⓐ 局地

Ⓑ 極致

「局地」は限られた一定の区域・土地。「極致」はもっともすばらしい境地。さいはての地を意味する「極地」は、その地の善し悪しの意はなく、ここでは不正解。

3

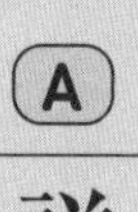

Ⓐ 詳解

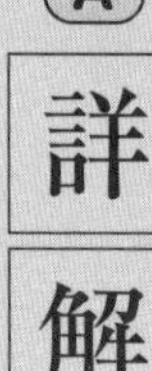

Ⓑ 照会

Ⓐは「近代史を紹介する」という表現でもおかしくはないが、「くわしく説明すること」とあるので「詳解」が正解。情報を確かめるときは「照会」を使う。

4

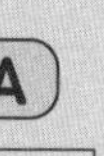

Ⓐ 指向

Ⓑ 志向

「指向」は特定の方向・目的に向かうことで、指向性アンテナ、性的指向などという表現がある。「志向」は心がある目的に向かうことを意味する。

027
中級編

まだまだ余裕？ 中学生レベル！

漢字検定4級【読み問題】

〈 〉の漢字の読みを（ ）にひらがなで記入しましょう。

1 教科書を〈黙読〉する（ ）
2 〈汚濁〉した湖水（ ）
3 〈雅趣〉と気品に富む（ ）
4 ひどい〈仕業〉だ（ ）
5 水草が〈繁茂〉する（ ）
6 社会に〈寄与〉する活動（ ）
7 〈幾〉らか気分がよくなる（ ）

正解
／7

答えは次のページに

027→解答

1

教科書を〈もくどく〉する

「黙読」は声を出さずに読むこと。新型コロナウイルス感染症が拡大した際には、「黙食」という新しい言葉が生まれた。

2

〈おだく〉した湖水

「汚」は汚す、汚れる、きたない、「濁」も汚れる、穢(けが)れるという意味がある。仏教用語では「おじょく」(穢れること)とも読む。

3

〈がしゅ〉と気品に富む

「雅趣」は風雅なおもむきのこと。健康指南書『養生訓(ようじょうくん)』に「静室に坐して香をたきて黙坐するは、雅趣をたすけて心を養ふべし」とある。

4

ひどい〈しわざ〉だ

「為業」とも書く。「仕業」は行為、所業のことで、現代語では否定的な意味で、多く人にとがめられるような行為に用いる。

5

水草が〈はんも〉する

「繁茂」は草木が枝や根をよく張って、勢いよく一面においしげること。「繁」「茂」もともに「しげる」という意味。

6

社会に〈きよ〉する活動

「寄与」は社会や人のために力を尽くし、役に立つこと。悪い意味ではあまり使わないが、化学に関する表現では「寄与が小さい」などと使う。

7

〈いく〉らか気分がよくなる

数、量、程度などの多いこと、はなはだしいこと、数量の不定なことを表すほかに、「幾何(いくばく)」など比較的小さな数を意味する使い方も。

028
中級編

どの地域にある駅かわかる？

珍しい駅名を読もう！

1～12の駅名の読みを（　）にひらがなで記入しましょう。

正解
／12

答えは次のページに

1 親不知（駅）（　　）

2 愛子（駅）（　　）

3 土々呂（駅）（　　）

4 南蛇井（駅）（　　）

5 面白山高原（駅）（　　）

6 後免（駅）（　　）

7 驫木（駅）（　　）

8 女鹿（駅）（　　）

9 阿漕（駅）（　　）

10 長万部（駅）（　　）

11 勿来（駅）（　　）

12 膳所（駅）（　　）

028→解答

1 おやしらず

えちごトキめき鉄道日本海ひすいラインの駅（新潟県糸魚川市）。15㎞もの断崖が続く難所で有名。

2 あやし

JR東日本仙山線の駅（宮城県仙台市青葉区）。かつては関山街道の愛子宿があった。

3 ととろ

JR九州日豊本線の駅（宮崎県延岡市）。大分県佐伯市には「轟」と書いて「ととろ」と読む地区がある。

4 なんじゃい

上信電鉄上信線の駅（群馬県富岡市）。土着したアイヌが呼んだ「なさい（川幅が広い地）」が語源とも。

5 おもしろやまこうげん

JR東日本仙山線の駅（山形県山形市）。「面白山」の由来は仙台側から見ると面が白く見えることから。

6 ごめん

JR四国土讃線などの駅（高知県南国市）。江戸時代、租税や諸役が免除（御免）されたことに由来する。

7 とどろき

JR東日本五能線の駅（青森県深浦町）。波や瀬の音が轟き、3頭の馬も驚いたことが地名の由来。

8 めが

JR東日本羽越本線の駅（山形県飽海郡遊佐町）。地名の由来はアイヌ語で「山の端」の意味とされる。

9 あこぎ

JR東海紀勢本線の駅（三重県津市）。「阿漕が浦」は、強欲、あくどいという意味の由来となった地。

10 おしゃまんべ

JR北海道函館本線の駅（北海道長万部町）。アイヌ語の「シャマンベ（川尻が横になっている地）」が由来。

11 なこそ

JR東日本常磐線の駅（福島県いわき市）。奥州三関の一つ勿来関があり、「（蝦夷(えみし)よ）、来る勿(なか)れ」が語源。

12 ぜぜ

JR西日本東海道本線の駅（滋賀県大津市）。宮中に魚を供する地で「陪膳浜(おものはま)」と呼ばれたのが始まり。

029

中級編

まだまだ余裕？ 中学生レベル！

漢字検定4級【書き問題】

〈 〉の言葉を（ ）に漢字（送りがながつく場合もあり）で記入しましょう。

正解

／7

答えは次のページに

1 心情を〈とろ〉する（ ）

2 〈はくしん〉の演技を披露する（ ）

3 〈と〉んで火に入る夏の虫（ ）

4 鯉の〈ようしょく〉で栄えた町（ ）

5 〈いねかり〉に体験参加する（ ）

6 恐怖に体が〈ふるえる〉（ ）

7 役員就任を〈こじ〉する（ ）

029→解答

1 心情を〈吐露（とろ）〉する

「吐露」は、心に思っていることを包み隠さずに他人に打ち明けることを意味する。「吐」は、口から吐き出すこと。「露」はあらわにすること。

2 〈迫真（はくしん）〉の演技を披露する

真に迫っていること。「迫」は対象にひたひたと近づく、事態が差し迫っていること。「真」は嘘のないこと。

3 〈飛（と）〉んで火に入る夏の虫

「飛・跳・翔」は使い分けに迷う。簡単に言えば、「飛」は鳥や飛行機などが空を飛ぶ、「跳」は跳躍。「翔」は空想上の動物で使うことが多い。

4 鯉（こい）の〈養殖（ようしょく）〉で栄えた町

「養殖」は、魚・貝・海藻などを人工的に飼育・繁殖させること。「殖」は生物の子孫がふえる、土地を開拓するため人を移住させるの意味。

5 〈稲刈（いねか）り〉に体験参加する

「刈」は草・毛などを根元を残して切り取ること。稲一束（そく）を収穫できる耕地の面積単位としても使われた言葉。

6 恐怖に体が〈震（ふる）える〉

「震える」は細かく揺れ動く、振動すること。「ふるう」には「振るう・奮う・揮う」という表現もあり、これらは勢いが盛んという意味がある。

7 役員就任を〈固辞（こじ）〉する

「固辞」は、人からの申し出などをきっぱりと断り辞退すること。辞退する本人が用いる表現ではなく、第三者がその人を形容する際に使う。

030 中級編

漢字バラバラパズル③

草木・花の名前だよ！

□の中のバラバラになった部品を組み合わせて二字熟語を作り、（　）に漢字を記入しましょう。

正解
／6

答えは次のページに

1 びわ（　　　）

木　比　巴　木

2 すいれん（　　　）

辶　垂　目　車　艹

3 あさがお（　　　）

月　十　頁　彦　早

4 ききょう（　　　）

吉　木　更　木

5 かいどう（　　　）

毎　⺍　冖　氵　木　口

6 しゃくやく（　　　）

勺　楽　艹　艹

030➡解答

1 枇杷

「枇杷」は、バラ科ビワ属の樹になる果実。原産は中国南西部で、日本にはすでに古代には伝わり自生。名前の由来は楽器の琵琶に形が似ていることから。

2 睡蓮

花が夜は閉じ、昼に咲き、蓮に似た形をしていることから、「睡眠をとる蓮」という意味で「睡蓮」と書く。睡蓮は水に浮かぶように花を咲かせるのが特徴。

3 朝顔

その名の通り、朝に花を咲かせることに由来する。日本には奈良時代または平安時代初期に、中国から薬用植物として渡来。当初は「牽牛子（けんごし）」と言われた。

4 桔梗

「桔梗」は日本在来種で、その漢字は乾燥した根が結実して硬いことに由来する。また、「ききょう」という読みは、音読みの「きちこう」が転じたものとも。

5 海棠

中国の「海棠」をそのまま日本でも使用。江戸時代初期に日本に渡来し、花が美しいことから「花海棠」の別名で呼ばれるようになった。

6 芍薬

「芍」は、鮮やか、はっきり目立つ、抜きんでて美しいという意味。「薬」が当てられているのは、薬用だったことに由来。古代に中国から薬草として伝わった。

031
中級編

うっかり「誤用」にご用心！

正しい意味❷

1〜4の言葉は誤った意味が一般化しています。本来の正しい意味をA Bから選んで○をつけましょう。

正解　　／4

答えは次のページに

1 世界観

A ドラマや小説などの世界が醸し出す独特の雰囲気

B 世界における人間のあり方などを、統一的に解釈し、意義付けたもの

2 妄想

A 根拠もなくありえない想像をすること

B 性的な想像をすること

3 御の字

A 満足とはいいがたいが、まあ満足という状態

B 大いにありがたい、非常に満足であること

4 噴飯もの

A おかしくてたまらない出来事

B 腹が立って仕方がない出来事

1

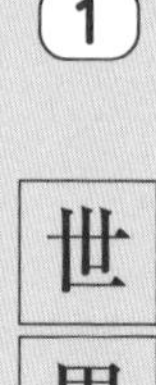
世界観

B

世界における人間のあり方などを、
統一的に解釈し、意義付けたもの

読み「せかいかん」
創作物の世界設定、作風のことを世界観というのは本来は誤り。「あの小説は世界観が魅力」とは使わない。また、「世界感」という表現はない。

2

妄想

A

根拠もなく
ありえない想像をすること

読み「もうそう」／仏教用語「もうぞう」
想像の中身は、いかがわしいこと、性的なことに限らない。本来は仏教用語で、とらわれの心によって、真実でないものを真実であると誤って考えること。

3

御の字

B

大いにありがたい、
非常に満足であること

読み「おんのじ」
「まあまあ悪くない」「一応納得できる」という妥協のニュアンスで使うのは間違い。「御」は最高の敬意を表す言葉。本来は「最高に満足」なときに使う。

4

噴飯もの

A

おかしくてたまらない出来事

読み「ふんぱんもの」
食べかけの飯をふき出す、噴飯するほどおかしい事柄を意味する。２０１２年度の世論調査によると、49%の人が「腹立たしくて仕方がないこと」と誤用。

032

中級編

難しくなってきたぞ！　中学生レベル

漢字検定3級【読み問題❶】

1〜10の漢字の読みを（　）にひらがなで記入しましょう。

1 子房（　　）

3 恥辱（　　）

5 鼓吹（　　）

7 空虚（　　）

9 香炉（　　）

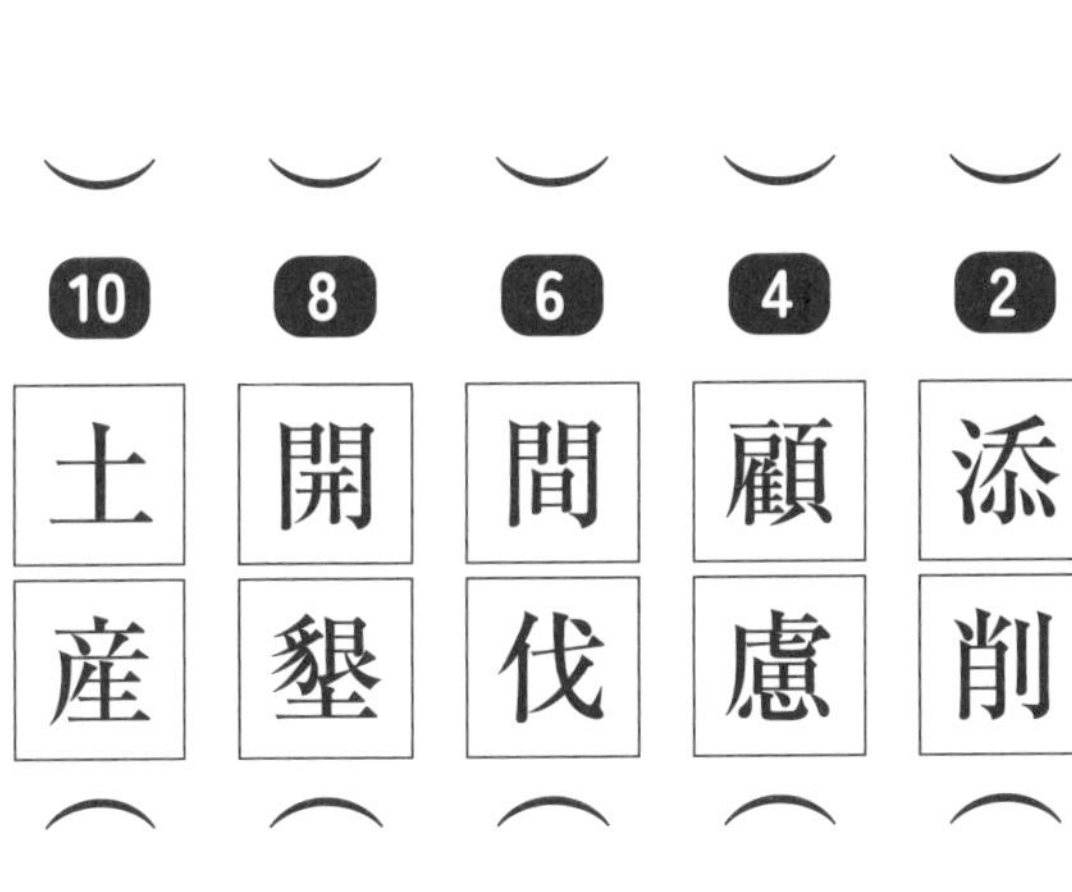

2 添削（　　）

4 顧慮（　　）

6 間伐（　　）

8 開墾（　　）

10 土産（　　）

正解　／10

答えは次のページに

032→解答

1 子房（しぼう）
被子植物の雌しべの基部にあり、膨らんで袋のようになっている部分のこと。

4 顧慮（こりょ）
深く考えて、それに思いをめぐらすこと。心をくばること。「顧」は顧みる、「慮」はおもんぱかるの意味。

7 空虚（くうきょ）
内部に何もないこと。「空」も「虚」も「むなしい」と読み、古くは体から魂が抜け「命がない」という意味も。

9 香炉（こうろ）
お香を焚くために使う器のこと。もとは仏具だが、香道や床の間の置物飾りなどにも使われる。

2 添削（てんさく）
書かれた文章、答案に手を入れること、加えたりけずったりして改め正すこと。

5 鼓吹（こすい）
笛、鼓などの楽器を鳴らすことから転じて、自分の意見を吹聴（ふいちょう）する、吹きこむこと、励ますこと。

8 開墾（かいこん）
山野・荒れ地を切り開き、農耕できる田畑にすること。「墾」には荒れ地を切り開くという意味がある。

10 土産（みやげ）
「どさん」とも読む。その土地の産物。知人や縁者に配る目的で外出先や旅先で求め、持ち帰る品物。

3 恥辱（ちじょく）
恥ずかしい思いをすること、またそのさま。不名誉であること。体面や名誉を損なうこと。

6 間伐（かんばつ）
主な木の生育を助けたり、採光をよくしたりするため、適当な間隔で木を伐採すること。

「土産」は、人に差し上げる物なのでよく見て選ぶ「見上げ」が転じたとも。大王（おおきみ）の直轄地「屯倉（みやけ）」が語源という説もあります。

033 中級編

熟語タテヨコパズル❶

ヒラメキが大事になるよ！

「上＋中央」「左＋中央」「中央＋右」「中央＋下」の漢字が二字熟語になるように、中央の□に漢字を記入しましょう。

答えは次のページに

1

	和	
表	□	楽
	色	

2

	歳	
満	□	給
	謝	

3

	梅	
豪	□	具
	天	

4

	番	
労	□	織
	曲	

5

	看	
急	□	院
	魔	

6

	悪	
河	□	癖
	裏	

7

	好	
極	□	志
	義	

8

	意	
会	□	物
	参	

033→解答

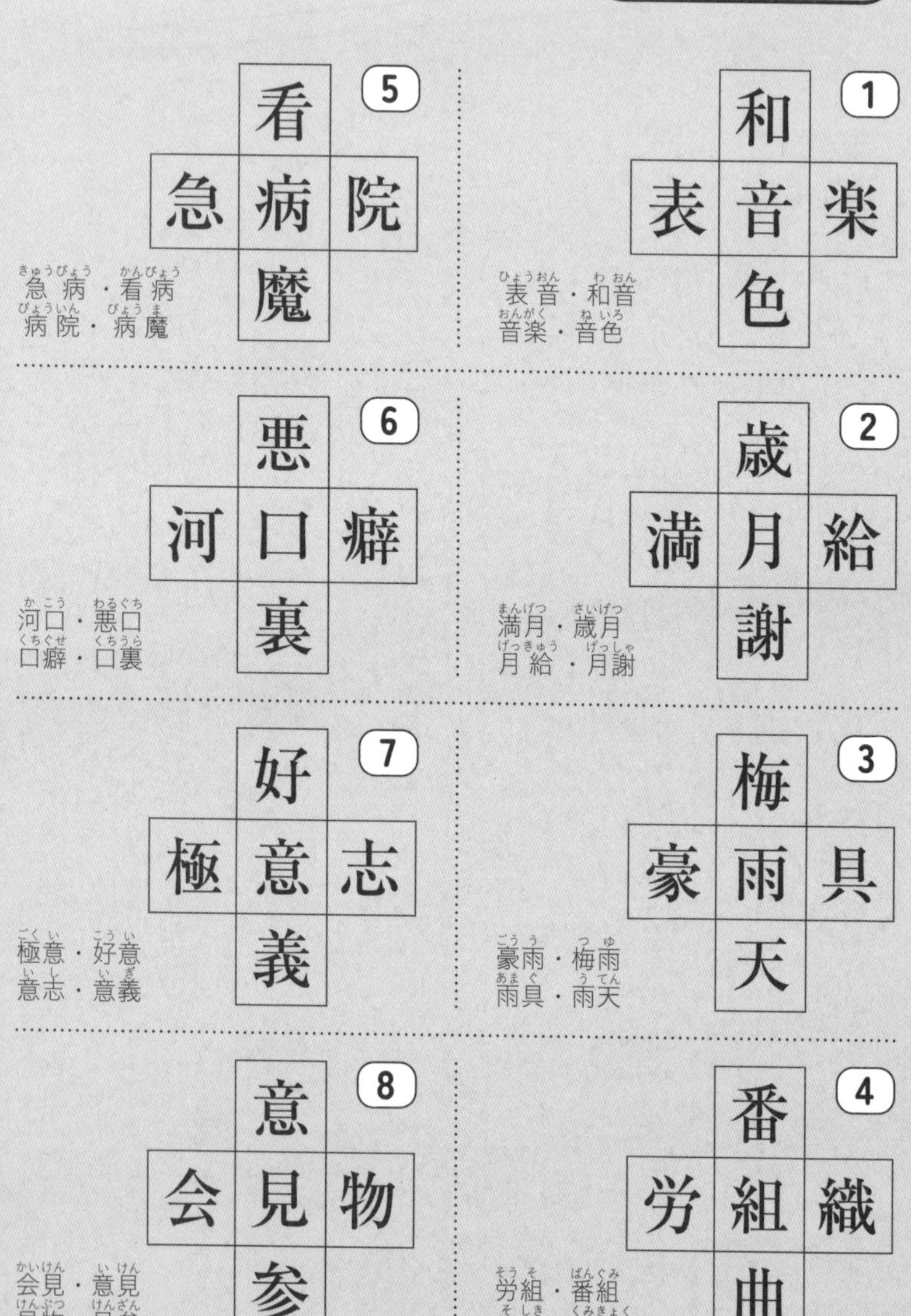
1
和
表 音 楽
色
表音(ひょうおん)・和音(わおん)
音楽(おんがく)・音色(ねいろ)
2
歳
満 月 給
謝
満月(まんげつ)・歳月(さいげつ)
月給(げっきゅう)・月謝(げっしゃ)
3
梅
豪 雨 具
天
豪雨(ごうう)・梅雨(つゆ)
雨具(あまぐ)・雨天(うてん)
4
番
労 組 織
曲
労組(そうそ)・番組(ばんぐみ)
組織(そしき)・組曲(くみきょく)
5
看
急 病 院
魔
急病(きゅうびょう)・看病(かんびょう)
病院(びょういん)・病魔(びょうま)
6
悪
河 口 癖
裏
河口(かこう)・悪口(わるぐち)
口癖(くちぐせ)・口裏(くちうら)
7
好
極 意 志
義
極意(ごくい)・好意(こうい)
意志(いし)・意義(いぎ)
8
意
会 見 物
参
会見(かいけん)・意見(いけん)
見物(けんぶつ)・見参(けんざん)

034 中級編

まずはおなじみの部首から

部首を書く

1～8で指定されている部首を□の中の文字に書き込み、漢字を完成させましょう。

正解　／8

答えは次のページに

1 くにがまえ　玉

2 はばへん　長

3 おおざと　者

4 まめ（豆）　曲

5 つのへん　虫

6 れっか　昭

7 のぎへん　多

8 なべぶた　父

034→解答

漢字の色が濃い部分が部首に当たります。

1

国

くにがまえ

「くにがまえ」の「口」は、この形で「國（国）」を意味する古字。周辺を取り囲む線から、囲む、巡らすの意味がある。

2

帳

はばへん

「きんべん」とも。「巾」は頭に巻く布に紐を付けて、帯にさしこんだ姿を現す象形文字。布を意味する漢字に多い。

3

都

おおざと

「大里」が語源。由来は「邑」で、村や人が集まるところを意味する。「こざとへん」と形は同じだが由来は異なる。

4

豊

まめ（豆）

漢字の左につく場合は「まめへん」。「豆」は頭部が膨らみ、脚が長い器「高坏」の象形。高坏に豆を盛ったことに由来。

5

触

つのへん

「角」は中が空になっている硬い角の象形。左につく場合は「つのへん」、それ以外は「かく・つの」と言う。

6

照

れっか

「れんが」とも。「火」部に属する部首。漢字の左につく場合は「ひへん」、それ以外は「ひ」、「灬」の形を「れっか」と言う。

7

移

のぎへん

「禾」は甲骨文字にも見られ、穂を実らせた穀物の象形。穀物やそれに対してかかる税に関する漢字に用いられる。

8

交

なべぶた

「けいさんかんむり」とも言う。「、」（点）と「一」（横）の組み合わせから成る部首で、起源とする音も意味もない。

035
中級編

楽しみながらできる
漢字ナンクロスケルトンパズル❷

マス目の同じ数字には同じ漢字が入ります。すべてのマス目を埋めましょう。

1	誕	5		2	曜	2
産		名	主			照
縁			治	3	4	権
5	理	6			7	
		校		4	6	部
通		1		律		3
6	級	活	動		7	者

［対応表］

1	2	3	4	5

6	7

正解

／7

答えは次のページに

生	誕	地		日	曜	日
産		名	主			照
緑			治	外	法	権
地	理	学			医	
		校		法	学	部
通		生		律		外
学	級	活	動		医	者

［対応表］

1	2	3	4	5
生	日	外	法	地

6	7
学	医

036
中級編

難しくなってきたぞ！　中学生レベル

漢字検定3級【読み問題❷】

〈　〉の正しい送りがなに○をつけ、その読みを（　）に記入しましょう。

1 注意を〈怠たる・怠る〉（　　）

2 勢いが〈衰る・衰える〉（　　）

3 約束の場所に〈赴く・赴むく〉（　　）

4 〈愚か・愚ろか〉にも真に受けた（　　）

5 同僚を〈慰める・慰さめる〉（　　）

6 髪の毛を〈結わく・結く〉（　　）

7 〈恨めしい・恨らめしい〉仕打ち（　　）

答えは次のページに

036→解答

1 〈怠たる・**怠る**〉（おこたる）

誤読「なまける」

すべきことをしないでおく。なまける、気をゆるめる、油断する。

2 〈衰る・**衰える**〉（おとろえる）

誤読「すたる」「すたれる」

力や勢いなどが弱くなる、盛んでなくなること。類義語に「弱まる」「弛(ゆる)む」「緩(ゆる)む」など。

3 〈**赴く**・赴むく〉（おもむく）

誤読「いく」「でむく」

ある場所・方角に向かって行く、物事がある方向・状態に向かうこと。

4 〈**愚か**・愚ろか〉（おろか）

誤読「おろそか」

頭の働きが鈍い、考えが足りないさま。ばかげているさま。

5 〈**慰める**・慰さめる〉（なぐさめる）

何かをして、一時の悲しみや苦しみをまぎらせ、心をやわらげ楽しませる。心を和やかに静めること。労をねぎらう、いたわること。

6 〈**結わく**・結く〉（ゆわく）

しばる、くくる、結ぶの意味で、本来は「結わえる」で、「結わく」は首都圏を中心によく使われる言葉だが間違いではない。

7 〈**恨めしい**・恨らめしい〉（うらめしい）

「怨めしい」とも書く。恨みたくなる気持ち、憎らしい。残念に思われるさま。恨むの「うら」の語源は「心」で、「心見る(うらみる)」から発生したとも。

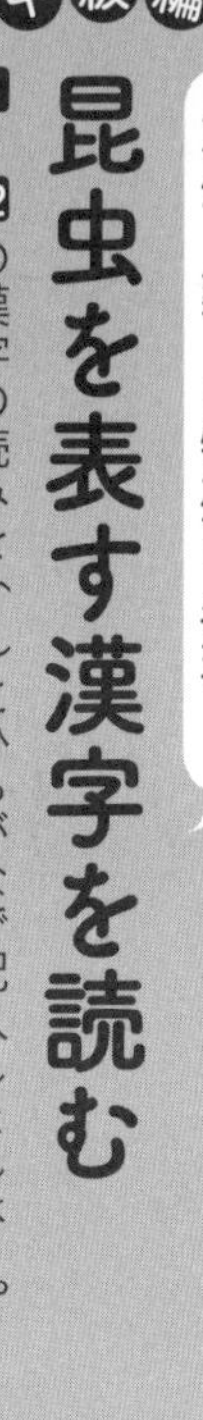

037

中級編

意外と難しい特殊な表現！

昆虫を表す漢字を読む

1～12の漢字の読みを（　）にひらがなで記入しましょう。

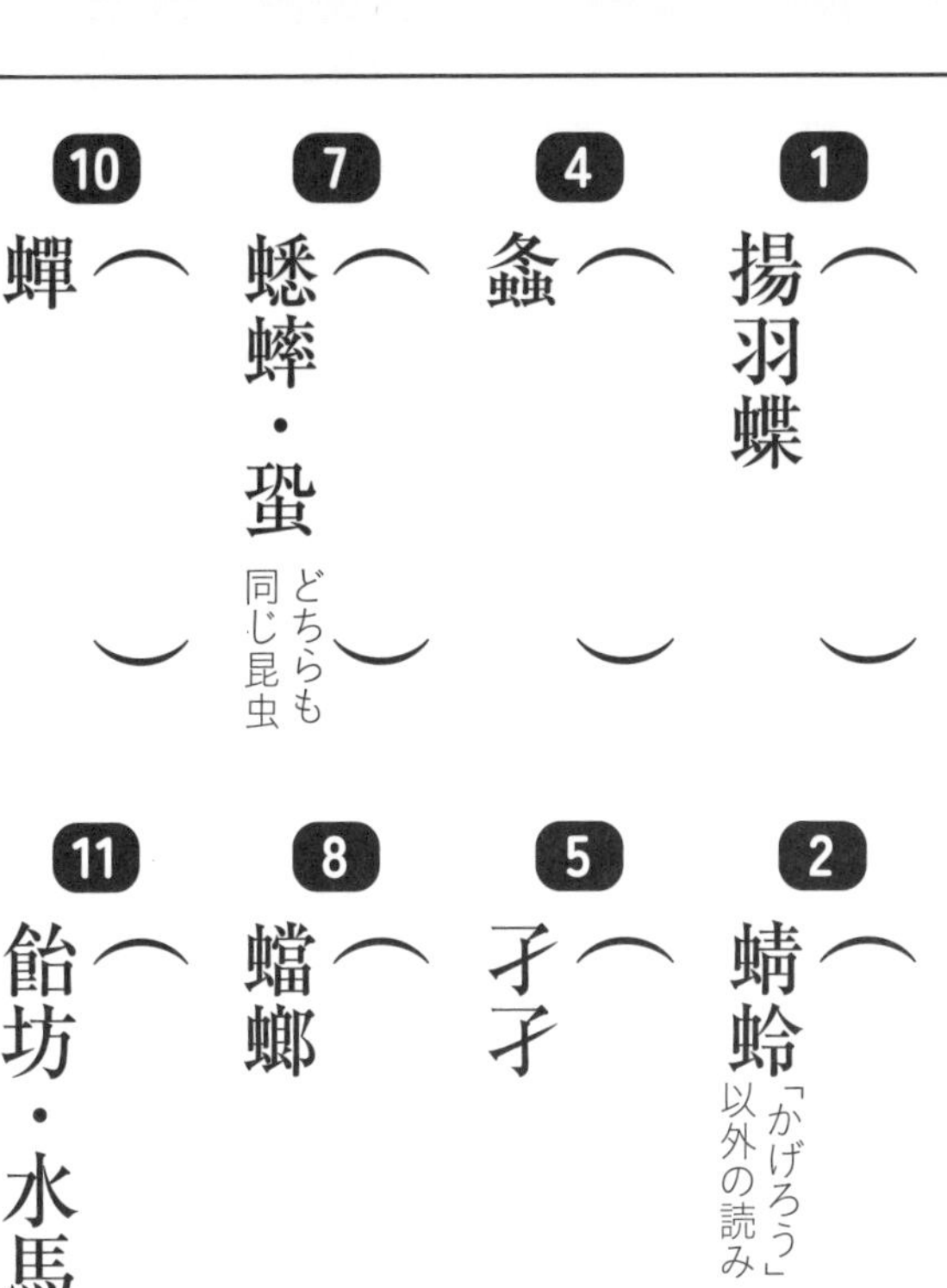

1 揚羽蝶（　　）

2 蜻蛉（　　）「かげろう」以外の読み

3 蜘蛛（　　）

4 蚤（　　）

5 孑孑（　　）

6 瓢虫（　　）

7 蟋蟀・蛩（　　）どちらも同じ昆虫

8 蟷螂（　　）

9 蟻（　　）

10 蟬（　　）

11 飴坊・水馬（　　）

12 百足（　　）

答えは次のページに

037 → 解答

1 あげはちょう

「鳳蝶」とも。アゲハチョウは、チョウの中ではもっとも大型の分類群。さまざまな色や模様の翅(はね)を持つ。

2 とんぼ

蜻蛉は「とんぼ」のほか、「かげろう」「あきつ」「せいれい」とも読む。このうち、かげろうだけは別の昆虫。

3 くも

語源は「蜘蛛の巣を組む虫」または「黒い隠(ごもり)」からとも。肉食で陸上の多彩な環境に分布する。

4 いなご

「螽」のほか「蝗」「稲子」とも書く。稲を食べる害虫とされる一方で、佃煮にして食されてきた。

5 ぼうふら

蚊(か)の幼虫。「棒振」とも書く。「孑孒」は「けつけつ」と読み、孤立するさま、小さいさまという意味も。

6 てんとうむし

「天道虫」「紅娘」とも書く。枝の先端から上に飛び立つ習性を、お天道様に向けて飛ぶことが名の由来。

7 こおろぎ

「蟋蟀」は「こおろぎ」「きりぎりす」。「蛩」は「こおろぎ」と読み、蟬の抜け殻、いなごの意味もある。

8 かまきり

「とうろう」(かまきりの漢名)とも読む。自分の力の弱さをかえりみず敵にはむかうという意味もある。

9 あり

「螘」とも書く。アリ科に属する昆虫の総称。昆虫のアリ以外に、黒い、黒色という意味もある。

10 せみ

カメムシ目セミ上科に分類される昆虫の総称。高い所に物を引き上げる小さい滑車を指す場合も。

11 あめんぼ

「水黽」「飴棒」とも書く。別名で水蜘蛛(みずぐも)、川蜘蛛(かわぐも)、ミズスマシ(水澄・水馬)などとも言う。

12 むかで

「蜈蚣」「蜈蚣」「蝍蛆」とも書く。頭部の直後に有毒な顎肢を持つ。ゲジゲジ(蚰蜒(げじ))もむかでの仲間。

038

中級編

楽しみながらできる

漢字ぐるぐるしりとり❶

左上から右、右上から右下というように、マス目の中央に向けてしりとりが成り立つように、囲みから漢字を選んでマス目を埋めましょう。

写 電 旅
子 足 力
行 船 夜
機 星 慢
気 人 品
家 信 日
音 心 内
屋 社 道 和

土	曜		用		不	
	気		形			
		象	衛			楽
真			側	月	楽	配
	会	案			日	
描		会		菓		号
理			自		動	

答えは次のページに

038→解答

土	曜	日	用	品	不	足
電	気	屋	形	船	旅	音
家	気	象	衛	星	行	楽
真	人	内	側	月	楽	配
写	会	案	道	夜	日	信
描	社	会	子	菓	和	号
理	心	慢	自	力	動	機

土曜日→日用品→品不足→足音→音楽配信→信号機→機動力→力自慢→慢心→心理描写→写真家→家電→電気屋→屋形船→船旅→旅行→行楽日和→和菓子→子会社→社会人→人気→気象衛星→星月夜→夜道→道案内→内側

連想問題❷

私の名前、さて書けますか？

1～8の文章は名前に使われている漢字を説明したものです。そこから連想される名字を□に漢字で記入しましょう。

正解 ／8

答えは次のページに

1 私の名前は、水鳥の**オオトリ**に**ウエ**下(した)の**ウエ**で**コウカミ**です。

□□

2 私の名前は、**ナマ**モノの**ナマ**に**ウマヘン**に俳**ク**の**ク**で**イコマ**です。

□□

3 私の名前は、キングを意味する**オウ**二つの間に手紙の**フミ**、ものを見る**メ**で**マダラメ**です。

□□

4 私の名前は、**キヘン**に数字の**ハチ**と**トリ**年の**トリ**、小高い山の**オカ**で**ナラオカ**です。

□□

5 私の名前は**ノギヘン**に**イヤシイ**、**タ**んぼの**タ**で**ヒエダ**です。

□□

6 私の名前は、夜空の**ホシ**に、樹木の**ハヤシ**の下に**ツチ**で**ホシノ**です。

□□

7 私の名前は、**シュウ**職の**シュウ**の下に**トリ**と**アタマ**で**ワシズ**です。

□□

8 私の名前は、クロコダイルの**ワニ**に、深**エン**の**エン**で**ワニブチ**です。

□□

039→解答

1

鴻上

「こうがみ」「こうのかみ」「こうのうえ」などとも読む。清和源氏、宇多源氏、村上源氏などの流れを汲む家系とされる。

3

斑目

「はんめ」「はんもく」「まだめ」などとも読む。磐城国白河郡（現・福島県東部、宮城県南部）の古代氏族などがルーツとも。

5

稗田

「ひえた」「ひだ」「ひのだ」「ひきた」などとも読む。大和国（現・奈良県）添上郡稗田村がルーツとも。栃木県などに多い。

7

鷲頭

「わしづ」「わしとう」「わしがしら」とも読む。周防国（現・山口県）都濃郡鷲頭村がルーツで、鹿児島、福岡、大分に多い名字。

2

生駒

「いきごま」「いくこま」「うぶこま」とも読む。藤原忠仁（ただひと）の子孫が大和国（現・奈良県）平群郡生駒に住んだのがルーツとも。

4

楢岡

秋田県、山形県などに見られる名字で、「楢岡」や「奈良岡」という地名がルーツ。「奈良岡」姓は青森や北海道にも多い。

6

星埜

東京都、広島県、北海道に多い名字。「星野」から転じたもの。「埜」には広く平らな草原、郊外、田舎の意味がある。

8

鰐淵

「わにふち」とも読み、「鰐渕」と書く場合も。また、「わに」は「和邇」とも。新潟、福井、東京、神奈川に見られる。

040
中級編

よく知ってるはずだけど読めるかな？

花・樹木を表す漢字を読む

1～12の漢字の読みを（　）にひらがなで記入しましょう。

正解
／12

答えは次のページに

1 杜若（　　）

2 秋桜（　　）

3 山茶花（　　）

4 百日紅（　　）

5 躑躅（　　）

6 向日葵（　　）

7 竜胆（　　）

8 鳳仙花（　　）

9 鬼灯（　　）

10 翌檜（　　）
ヒント「明日はヒノキになろう」

11 樅（　　）

12 合歓（　　）

040 ➡ 解答

1 かきつばた

「いずれ菖蒲（あやめ）か、杜若」と言うが、杜若は水辺、菖蒲は乾燥した土から茎を出して花を咲かせる。

2 こすもす

主に秋に咲き、花弁の形が桜に似ていることから「秋桜」と書く。コスモスはギリシャ語で「秩序・調和」。

3 さざんか

椿（つばき）と同じく日本の野生種が世界に広まった。中国語の「山茶」という植物を日本のさざんかに当てた。

4 さるすべり

木登りが得意な猿さえ滑り落ちて登れないから、百日間も花が咲くことからその名がついたとも。

5 つつじ

5月頃に赤、ピンク、紫、白の花を咲かせる。多くの花が咲くことから「続き咲き木」が語源とも。

6 ひまわり

「向日葵」は太陽の動きを追うように、花の向きが回っていくことに由来。英語では「サンフラワー」。

7 りんどう

根の味が竜の胆（きも）のように苦いことから「竜胆」と書くとされる。漢方では干して薬にもなっている。

8 ほうせんか

中国名を音読みしたもの。花の形が伝説の鳥「鳳凰（ほうおう）」の羽ばたく姿に似ていることが由来とも。

9 ほおずき

「酸漿」とも書く。「鬼灯」は、実が赤く怪しげな提灯の印象から、「鬼」に「灯」となったとされる。

10 あすなろ

木が檜（ひのき）に似ていることから「明日は檜になろう」の意味。本来の檜には及ばない「浅檜（あすひ）」が語源とも。

11 もみ

風にもみ合うところから「揉む」、信仰の対象となっていたことから「臣（おみ）木（のき）」が由来とも。

12 ねむ

夜に葉を閉じることから「眠りの木」、ぴったりくっつく葉が男女の共寝と重なることから「合歓」とも。

041

中級編

四字熟語❷

教養が光る!

囲みから漢字を選んで空いている□に記入し、四字熟語を完成させ、（ ）には読みを書きましょう。囲みの漢字は一度しか使えません。

正解　／6

答えは次のページに

驚	妙	海	浅	胞	地
食	当	疑	衣	鬼	

1 □学非才（　　）

2 □意即□（　　）

3 □心暗□（　　）

4 四□同□（　　）

5 □天動□（　　）

6 暖□飽□（　　）

041→解答

1

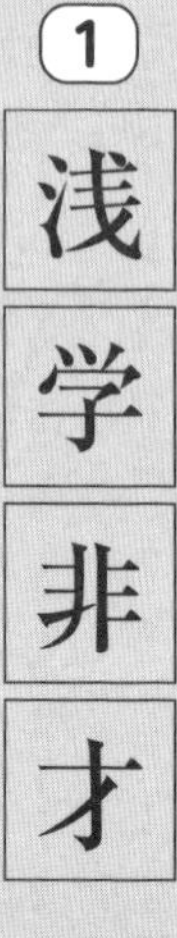

読み「せんがくひさい」

学問、知識ともに乏しく、才能もないこと。自分の能力を謙遜して言う言葉で、他人を形容する際には用いない。「浅学菲才」とも書く。

2

当意即妙

読み「とういそくみょう」

その場に適応した気転を素早くきかすこと。仏教用語の「当位即妙」(なにごともそのままで真理や悟りに適っていること)が由来。

3

疑心暗鬼

読み「ぎしんあんき」

一度疑い始めると、(ありもしない鬼の姿が見えるように)なんでもないことまで恐ろしくなること。「列子」の逸話が由来で、「疑心」は仏教用語。

4

四海同胞

読み「しかいどうほう」

人と接するときに真心と礼儀を持てば、人は兄弟のように親しくなれること。親しくするべきだということ(「論語」顔淵)。

5

驚天動地

読み「きょうてんどうち」

天を驚かし地を動かすこと。転じて、世間を非常に驚かせること、世間をあっと驚かせる事件・出来事を形容する言葉。白居易の「李白墓詩」が由来。

6

暖衣飽食

読み「だんいほうしょく」

暖かい衣服を着て腹いっぱい食べる満ち足りた生活。物質的に不足のない満たされた生活のこと。「孟子」(滕文公・上)、「荀子」(栄辱)の言葉に由来。

042 中級編

難しくなってきたぞ！　中学生レベル

漢字検定3級【書き問題❶】

〈　〉の言葉を（　）に漢字で記入しましょう。

1 情報を〈ちくせき〉する（　　）

2 山頂では空気が〈きはく〉だ（　　）

3 集中豪雨で〈かんすい〉した（　　）

4 怪我で試合を〈きけん〉する（　　）

5 運動の〈れいこう〉を呼びかける（　　）

6 〈しもん〉委員会に意見を求める（　　）

7 外食をせずに〈じすい〉する（　　）

正解　／7

答えは次のページに

042→解答

1 情報を〈蓄積（ちくせき）〉する

たくさん蓄（たくわ）えること。経済学では、資本家が剰余価値の一部を資本に転化して、拡大再生産をはかることを言う。

2 山頂では空気が〈希薄（きはく）〉だ

「稀薄」でも正解。液体や気体などの濃度・密度が薄い、ある要素が乏しいこと。物事に向かう気持ちや意欲が弱い場合にも用いる。

3 集中豪雨で〈冠水（かんすい）〉した

「冠水」は、洪水や河川の氾濫などによって、農地や道路などが広範囲に水に浸かる（覆われる）こと。「冠」には上にかぶせるの意味がある。

4 怪我（けが）で試合を〈棄権（きけん）〉する

何かの物事に対する自分の権利を放棄・破棄すること。特に投票、議決の権利を行使しない場合に用いる。

5 運動の〈励行（れいこう）〉を呼びかける

「励」は励（はげ）ます、努力するの意味。「励行」は、決めたこと、決められたことを、その通りに努力して実行すること。

6 〈諮問（しもん）〉委員会に意見を求める

「諮問」とは、有識者や一定機関に、法令上定められた事項について意見を求めることを意味。「諮」は上の者が下の者に意見を求めること。

7 外食をせずに〈自炊（じすい）〉する

「自炊」は自分で食事をつくること。ＩＴ用語で、手持ちの出版物を裁断・スキャンし、電子書籍として電子機器上で閲覧可能にすること。

043
中級編

知っていて当たり前！漢字シークワードパズル

「一大事」のように、マス目の漢字をタテ・ヨコ・ナナメにつなげて、隠れている熟語を探しましょう。同じ漢字は何度でも使用できます。

答えは次のページに

十	肩	員	務	乗	室	客
大	和	路	行	生	人	光
事	先	学	交	銀	学	観
一	方	通	行	手	形	大
石	整	口	不	時	着	器
理	座	正	達	信	号	機
大	口	一	人	者	音	和

すべてのマス目の漢字を使うこと。下から上、右から左へつなげてもOKですが、直線方向だけで、途中でナナメにつなげたりはできません。

043→解答

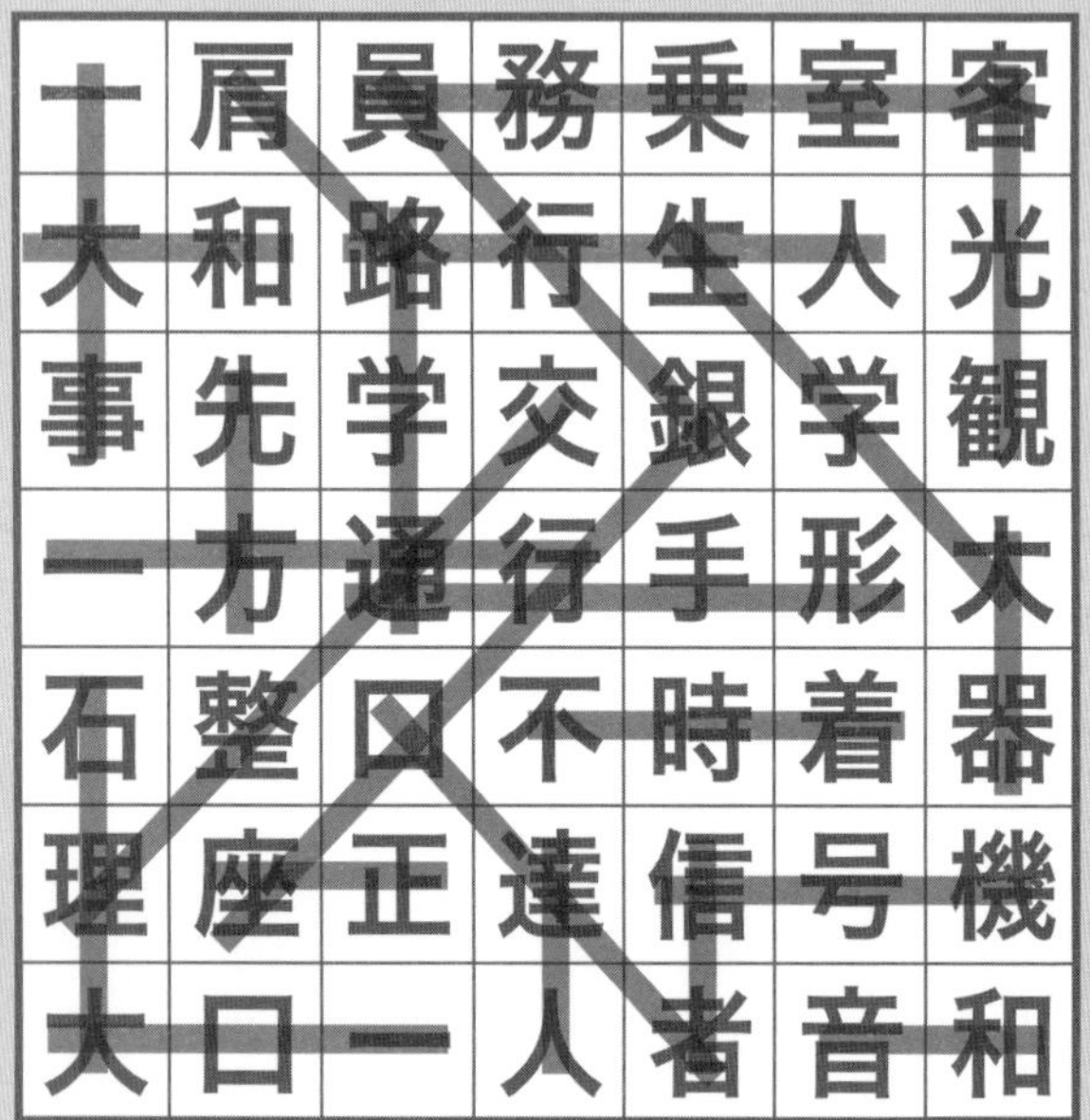

一大事・路肩・銀行員・客室乗務員・観光客・大学（生）・大器・人生行路・大和・先方・一方通行・（通行）手形・通学（路）・交通整理・大理石・銀行口座・一口（大）・正座・達人・信者・不時着・信号機・和音・（口達者）

四字熟語を2つの熟語に分けたり、これ以外の熟語を選んだりしても、すべてのマス目を使用していれば正解とします。

044 中級編

知っていて当たり前！

常識のことわざ・慣用句③

囲みから言葉を選んで**1**～**6**の□に記入し、ことわざ・慣用句（故事成語）を完成させましょう。囲みには使用しない言葉もあります。

答えは次のページに

名声　銅臭　杵柄　綸言　既往
鵜戸　花魁　独活
災禍　傾城　蟷螂　蝙蝠

1 □□に誠なし

2 □□は咎めず

3 鳥なき里の□□

4 □□汗のごとし

5 昔執った□□

6 □□の大木

① 傾城に誠なし

読み「けいせいにまことなし」

「傾城」は城（国）を傾けるほどの美人のこと。商売女、遊女、花魁の俗称。商売女が客に誠意を持って接することはないので、信じてはいけないという意味。

② 既往は咎めず

読み「きおうはとがめず」

過去のことをとがめるより、将来を慎むことが大切という意味。「論語」の中の一節で、「既往」はすでになったこと、済んだこと。

③ 鳥なき里の蝙蝠

読み「とりなきさとのこうもり」

優れた人材のいないところでは、つまらない者がいばることのたとえ。もとの意味は、鳥がいないところでは、蝙蝠は自分が鳥だといって威張っている。

④ 綸言汗のごとし

読み「りんげんあせのごとし」

「漢書」の中の一節。「綸言」とは天子の言葉で、汗が出たら戻らないように、一度口に出したことは二度と撤回できないことを意味する。

⑤ 昔執った杵柄

読み「むかしとったきねづか」

昔鍛えた腕前、修練のたまものという意味。「年寄りの冷や水」（年齢もわきまえず若い者の真似をすると碌なことがない）の反語。

⑥ 独活の大木

読み「うどのたいぼく」

図体ばかり大きくて役に立たないことを表す表現。もとの意味は、「独活」の木は2メートルほどにもなるが、茎が弱く役に立たない。

045
中級編

まずはおなじみの部首から

部首を探す❷

□の漢字の部首を囲み、その部首名を囲みから選んで（ ）に書きましょう。

正解
／6

答えは次のページに

うかんむり、あなかんむり、したごころ、こころ（心）、つきへん、にくづき、うじ（氏）、ほこづくり、のぎへん、きへん

❶ 必（　　）

❷ 民（　　）

❸ 恭（　　）

❹ 空（　　）

❺ 脅（　　）

❻ 殺（　　）

045→解答

漢字の色が濃い部分が部首に当たります。

1

必

こころ（心）

わかりにくいが部首は「こころ（心）」。下につく場合「⺗（したごころ）」があるが、「忍・忘・怠」の部首は「こころ」。

2

うじ（氏）

「うじ」は、「尸（かばね・しかばね）」という部首と紛らわしいが、「氏」が部首の主な漢字は「氏・民・氓」と少ない。

3

したごころ

「したごころ」「こころ」「りっしんべん」はすべて「心」部に属する主語。「したごころ」には「慕・添」などがある。

4

あなかんむり

「穴」部に属する主語。「宀（うかんむり）」と間違いやすいが、「穴（＝空白）」に関係する漢字に使われることが多い。

5

にくづき

「つきへん」は月、「にくづき」は肉が由来。部首の形が同じなので見分けが難しい。人体に関する漢字は「にくづき」。

6

ほこづくり

「るまた」とも言う。握りのついた柄の先端に刃のついた矛の象形。「戈」の部首も「ほこづくり・ほこがまえ」と言う。

046
中級編

これ知らないと恥かくよ！

書き間違い❷

❶～❼の文章の中に間違った漢字が使われています。該当する漢字に○をつけ、（　）に正しい漢字を書きましょう。

正解

／7

答えは次のページに

❶ 連休明けは倦退感に悩まされる（　　）

❷ あの会社は捨陽を迎えている（　　）

❸ 巳年の目標は克巳心の向上（　　）

❹ 安隠とした暮らしが理想だ（　　）

❺ 同窓の部下を贔貝する（　　）

❻ あの批判記事は作意的だ（　　）

❼ 我が社は俊鋭ぞろいだ（　　）

046➡解答

1 連休明けは倦退感に悩まされる
（怠）

「倦怠感」は心身が疲れてだるい、物事に飽きて興味が持てない感じ。「倦」は飽きる、「怠」はなまけるの意味。

2 あの会社は捨陽を迎えている
（斜）

「斜陽」は西に傾いた太陽のこと。転じて、かつて勢いがあったものが衰退・没落するという意味で用いられる。

3 巳年の目標は克巳心の向上
（己）

「巳・己・已」は、特に手書きの際は間違えないよう注意。「巳」は蛇。「已」は以前、やめること。「己」は自分。

4 安隠とした暮らしが理想だ
（穏）

「安穏」はなにごともなく、心静かに落ち着いていること。「穏」は「おん」と読むが、連声で「のん」に変化。

5 同窓の部下を贔貝する
（屓）

「贔屓」はもとは「ひき」と読み、中国古代の伝説上の霊獣のこと。気に入った人を引き立てることを意味する。

6 あの批判記事は作意的だ
（為）

「作為的」は故意に行うさま。何か企みや目的があって、わざと行うことを意味する。

7 我が社は俊鋭ぞろいだ
（英）

「俊英」は学問・才能などが人より秀でていること。思想・行動が急進的、過激なさまは「先鋭」と言う。

豆知識

特殊な読み方「連声」

二つの漢字の最初の字が子音で終わり、次の字がア行ヤ・ラ・ワ行であるときに、それがタ・ナ・マ行に変化する。例「安穏」「因縁」など。

あれどっちだっけ？

正しい漢字⑤

1～4の〈　〉の読みに当てはまる正しい漢字をA Bから選んで○をつけましょう。

答えは次のページに

1 力の〈きんこう〉を保つ

A 均衡　B 均衡

2 悪事を〈いんぺい〉するとは言語道断だ

A 陰蔽　B 隠蔽

3 彼はとても〈ほうようりょく〉のある人だ

A 包容力　B 抱擁力

4 〈かみわざ〉のごとき庖丁さばきだ

A 神技　B 神業

047→解答

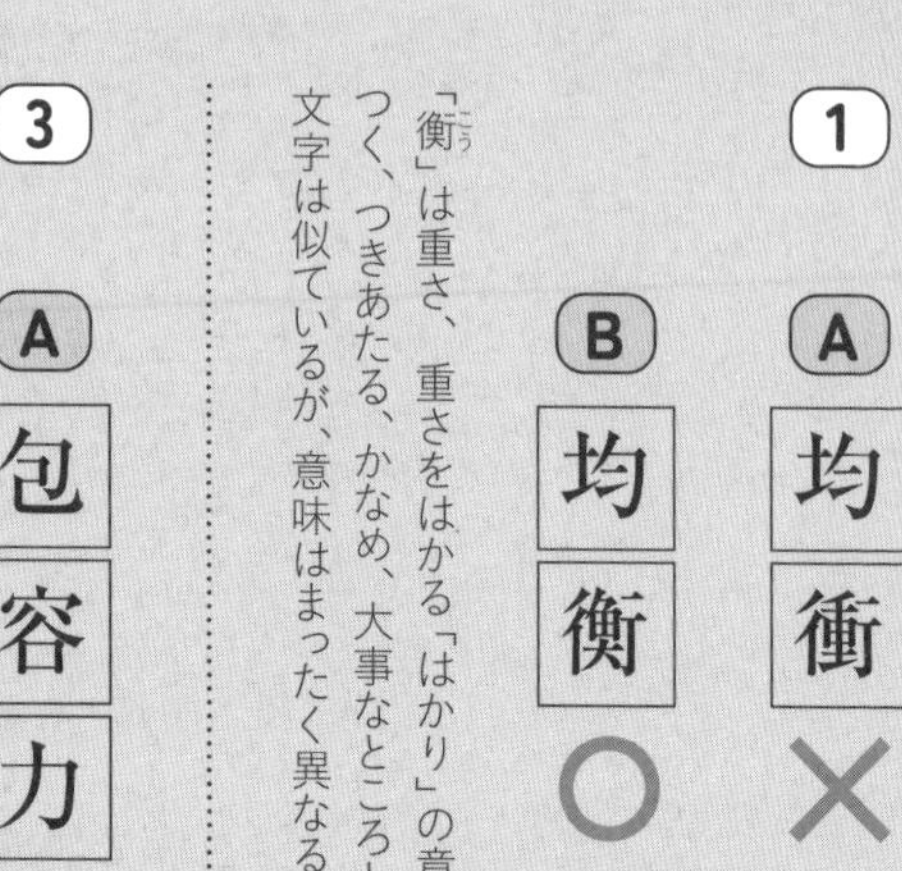

「衡（こう）」は重さ、重さをはかる「はかり」の意味。「衝」はつく、つきあたる、かなめ、大事なところという意味。文字は似ているが、意味はまったく異なる。

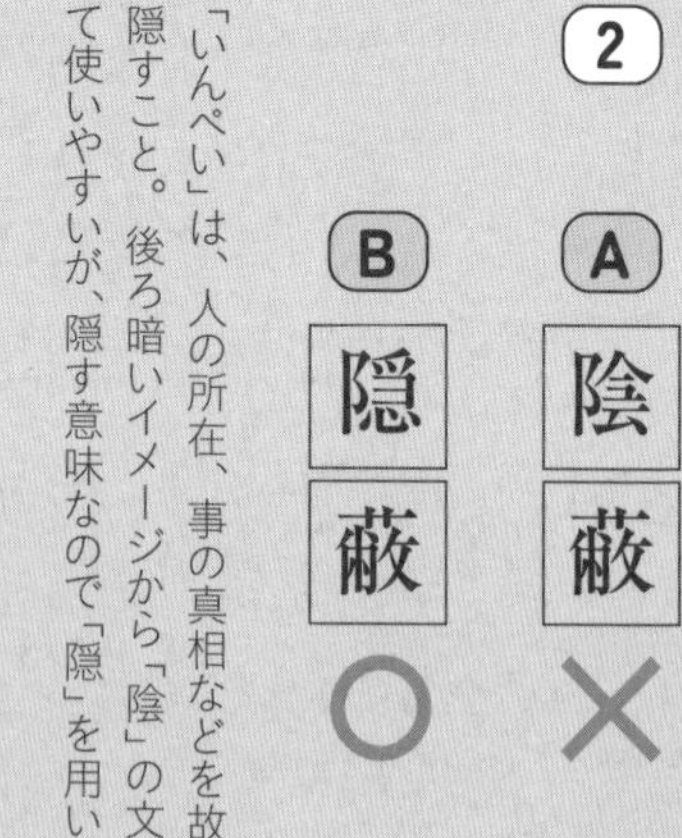

「いんぺい」は、人の所在、事の真相などを故意に覆い隠すこと。後ろ暗いイメージから「陰」の文字を誤って使いやすいが、隠す意味なので「隠」を用いる。

「包容力」は、相手の悪い面も含めて受け入れる心の広さを意味する。相手を抱きしめることを「抱擁」と書くので間違いやすいが、「抱擁力」とは使わない。

4

A 神技 ×

B 神業 ○

神様しかできない高度な技術や行為を「神技」というが、この場合は「しんぎ」と読む。「業」は技能を持ったものがする行いや仕事、「技」は修練で得た技能。

読み間違い③

1～10の熟語の読みを（　）にひらがなで記入しましょう。

正解

／10

答えは次のページに

1 反故（　　）

2 幼気（　　）

3 功徳（　　）

4 完遂（　　）

5 頒布（　　）

6 暫時（　　）

7 流布（　　）

8 礼賛（　　）

9 下手物（　　）

10 出納帳（　　）

048→解答

1 ほご

誤読「はんご」「ひご」

約束などをなかったことにしたり、物事を無駄にしたりすること。

2 いたいけ

誤読「おさなげ」

子供などの痛々しく、いじらしいさま。幼くて可愛らしいさま。

3 くどく

誤読「こうとく」

仏教用語で、現世・来世に幸福をもたらすもとになる善行。

4 かんすい

誤読「かんつい」「かんちょう」

完全にやりとげること。最後まで遂行すること。

5 はんぷ

誤読「ふんぷ」

品物や資料などを、広く分けて配り、行きわたらせること。

6 ざんじ

誤読「ぜんじ」

しばらくの間。ちなみに「ぜんじ」は「漸次」(次第に)と書く。

7 るふ

誤読「りゅうふ」

世間に広まること、広めること。広く世間に行きわたること。

8 らいさん

誤読「れいさん」

仏教用語で、素晴らしいものとして、褒め讃(たた)えること。「礼讃」とも。

9 げてもの

誤読「へたもの」「したてもの」

あまり手を加えていない粗野な品物。対義語は「上手物(じょうてもの)」。

10 すいとうちょう

誤読「すいのうちょう」

事業において発生した入金や出金などを記した帳簿のこと。

「大喪(たいそう)の礼」を「たいものれい」と読み違えた知識人がいたけど……。間違えたっていいじゃない、人間だもの(相田みつを風)。

049 中級編

意外と難しい特殊な表現！

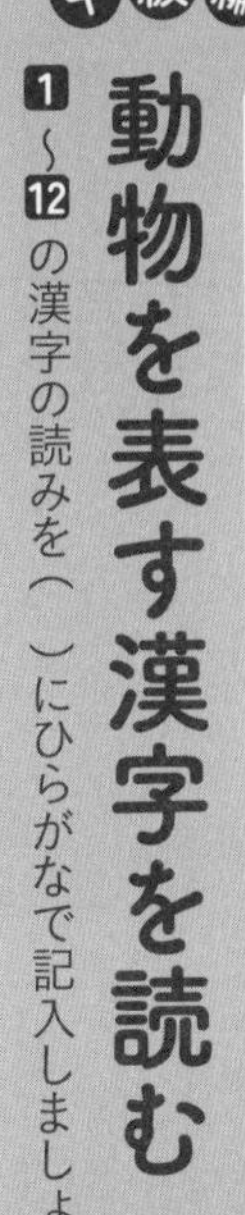

動物を表す漢字を読む

1～12の漢字の読みを（　）にひらがなで記入しましょう。

1 狢（　　　）

2 氈鹿・羚羊（　　　）

3 麒麟（　　　）

4 縞馬・斑馬（　　　）

5 貂（　　　）

6 栗鼠（　　　）

7 驢馬（　　　）

8 駱駝（　　　）

9 土竜（　　　）

10 鼬（　　　）

11 狒々（　　　）

12 樹懶（　　　）

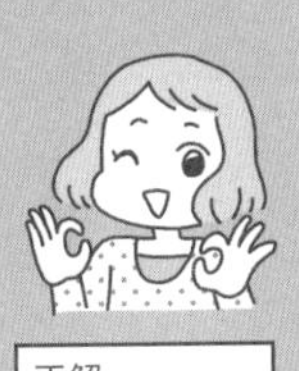

正解　　／12

答えは次のページに

049→解答

1 むじな

動物学上の呼称ではなく、アナグマやタヌキの俗称。「貉」とも書く。ハクビシンを指すことも。

2 かもしか

ニホンカモシカ、シャモア、ゴーラルを表す漢字。「羚羊」とも書くが、レイヨウは本来は別の動物。

3 きりん

「麒麟」と書くのは中国神話に登場する伝説上の瑞獣（ずいじゅう）。現実のキリンは「騏驎」と書いて区別する場合も。

4 しまうま

毛の黒地に白の縞模様を持つ以外は、野生のロバとよく似ており、「縞模様のロバ」と呼ぶ地域もある。

5 てん

ネコ目（食肉目）イタチ科テン属哺乳類でロシア、中国、朝鮮半島、日本からヨーロッパ東部まで広く分布。

6 りす

ネズミ目（齧歯目）リス科に属する動物の総称。モモンガやムササビもリスの仲間である。

7 ろば

ウマ科の動物。ウマより小さく、耳が長い。忍耐力が強いことから、家畜として農耕・運搬に使役される。

8 らくだ

ラクダ科ラクダ属の哺乳類の総称。背にこぶがあり、食物の欠乏に耐えることのできる脂肪を貯えている。

9 もぐら

モグラ科の哺乳類。「どりゅう」と読む場合、地上の竜ともいうべき非常にすぐれた馬、名馬の意味がある。

10 いたち

江戸中期の妖怪画集には、「鼬」を「テン」と読ませ、イタチが数百歳を経てテンの妖怪となったとある。

11 ひひ

「狒狒」「比々」とも書く。サル目オナガザル科ヒヒ属の動物。日本では大きな老いた猿の妖怪のこと。

12 なまけもの

「懶（おこた）る」と「懶（ものぐさ）い」。木の枝にぶら下がり、ほとんど動くことがないことから、その名がついた。

050 中級編

楽しみながらできる

漢字スケルトンパズル❷

囲みの漢字の読みをカタカナにして、マス目を埋めてください。

右折　絵日記　閻魔　和尚　会社
外出　記憶　甲　格子　講習会　鹿
四股　始発列車　少子化　満額

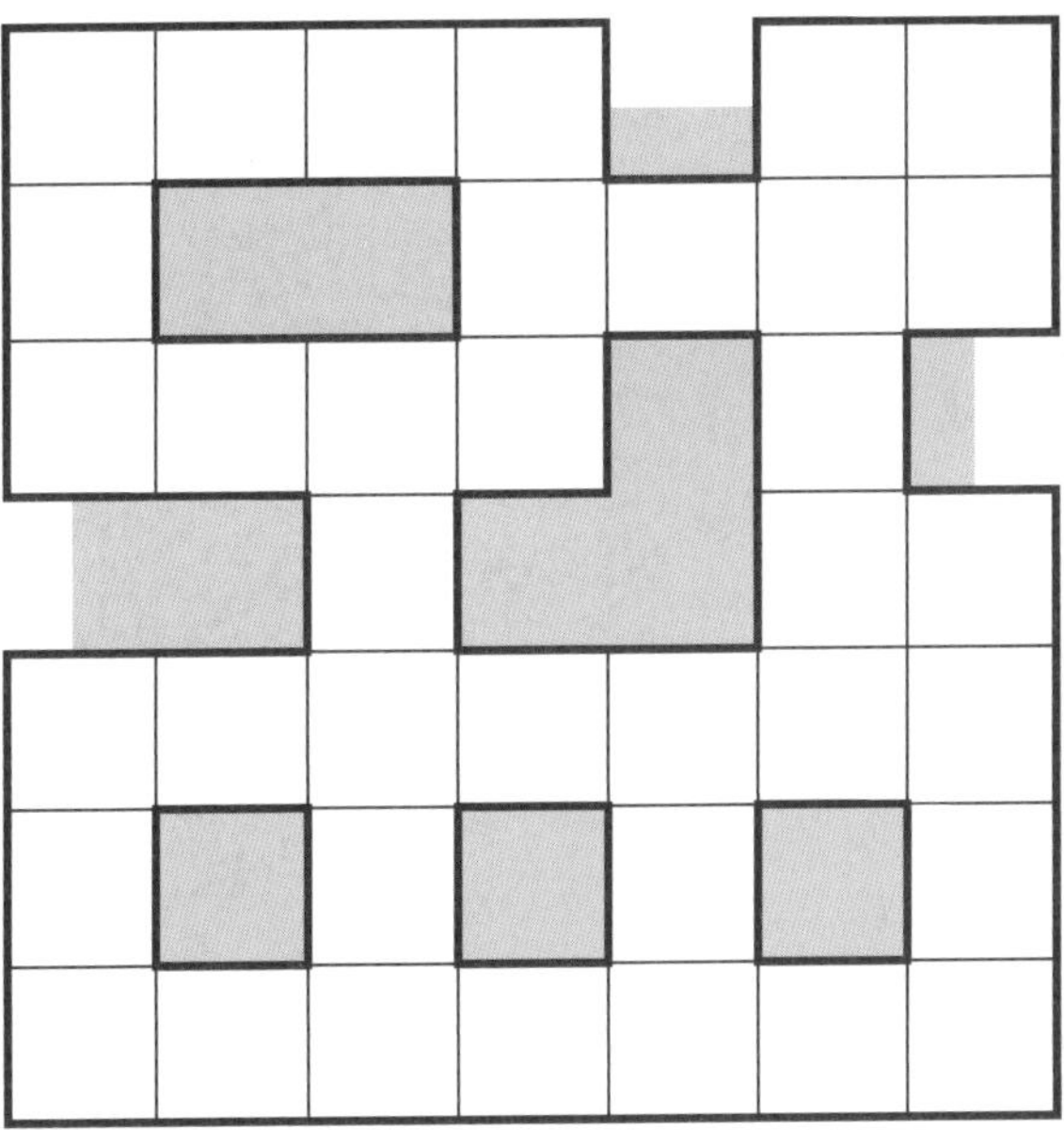

正解

／1

答えは次のページに

050➡解答

エ	ニ	ツ	キ		シ	コ
ン			オ	シ	ヨ	ウ
マ	ン	ガ	ク		ウ	
		イ			シ	カ
コ	ウ	シ	ユ	ウ	カ	イ
ウ		ユ		セ		シ
シ	ハ	ツ	レ	ツ	シ	ヤ

051 中級編

教養が光る！ 四字熟語③

1～8の読みをもとに空いている□に漢字を記入して、四字熟語を完成させましょう。□に入っている漢字がヒントです。

正解　　／8

答えは次のページに

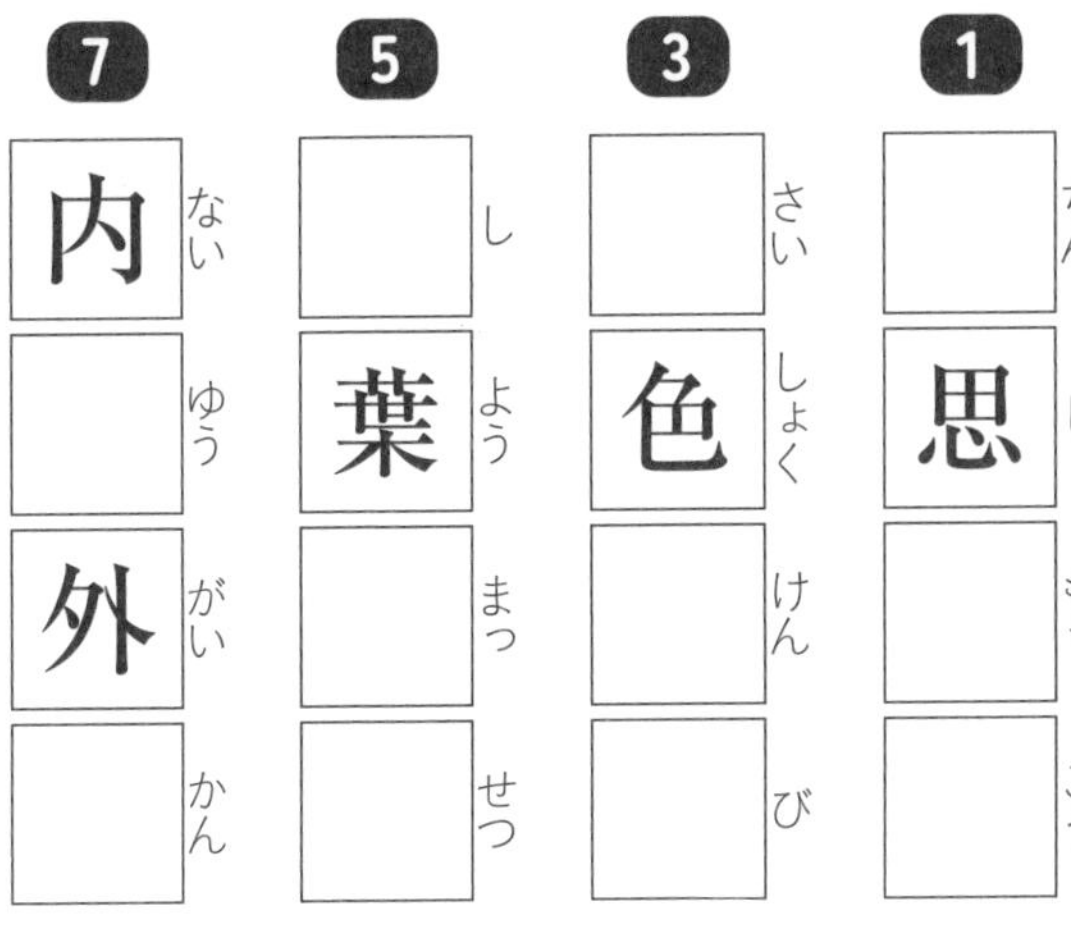

051→解答

1 沈思黙考

黙って気を散らさずに深く考えること。「沈思」は深く物事を考えること、「黙考」は静かに物事を考えること。例文「沈思黙考すれば答えは見つかる」

2 千載一遇

千年に一度あるかどうかの、滅多にないよい機会のこと。東晋の袁宏が三国志の名臣についてまとめた「三国名臣序賛」の中で、魏の荀文若を讃えた記述にちなむ。

3 才色兼備

すぐれた才能と美しい容姿の両方を持っていること。多くは女性について形容する言葉。男女両方に使える同じような意味の言葉に「才貌両全」がある。

4 議論百出

さまざまな意見が次から次へと出て、盛んに議論すること。「百」は、数が多いことを表す。類語に「侃侃諤諤」「議論風生」など。例文「委員会で議論百出する」

5 枝葉末節

主要でない部分。本質から外れた些末なこと。「枝葉」は枝と葉、「末節」は木の末のほうの節。どうでもよい、大事ではないことをたとえた表現。

6 比翼連理

男女の情愛の、深く睦まじいことのたとえ。白居易の「長恨歌」の「天にあっては願わくば比翼の鳥となり、地にあっては願わくば連理の枝とならん」に由来する。

7 内憂外患

内部や国内の心配事と、外部や国外からもたらされるやっかいな事態。晋と楚の間で起こった鄢陵の戦いで、晋の范文子が言った言葉が由来（「春秋左氏伝」）。

8 森羅万象

宇宙に数限りなく存在するいっさいの物事。仏典の「法句経」が由来とされる。類語に「有象無象」「天地万物」など。例文「この世の森羅万象を解き明かす」

052
中級編

部首を探す❸

間違いやすいから注意してね

□の漢字の部首を囲み、その部首名を囲みから選んで( )に書きましょう。

こころ(心)、まだれ、にくづき、おうへん、くち(口)、れっか、くさかんむり、ひらび(いわく)、ひ(日)、からい(辛)

1 替 ( )

2 唐 ( )

3 辞 ( )

4 薫 ( )

5 望 ( )

6 応 ( )

正解 ／6

答えは次のページに

052 ➡ 解答

漢字の色が濃い部分が部首に当たります。

1

替

ひらび（いわく）

太陽を意味する「日」を由来とする「ひ・にちへん」と区別するため、「曰（いわく）」の字をもとに作られた部首。「曲・書・最」。

2

くち

「まだれ」と迷うが、「口」部に属する部首。「くち」には、「台・号・史・呉・命・員」など、紛らわしい漢字が多い。

3

辞

からい（辛）

「辛」は入れ墨をするための針の象形文字。罪や辛（から）いことを意味する漢字に用いられることが多い。

4

薫

くさかんむり

「灬（れっか）」ではない。並び生えた草の象形で、「そうこう」とも。植物に関係する漢字に使われることが多い。

5

望

にくづき

「肉」を由来とする部首。「膳・膨・能・脱」など、一見、人体に関係がないような漢字にも使われるので間違いやすい。

6

こころ

これも一見「まだれ」のように見えるが、部首は「こころ」。区別しにくいが「慶・愛・悶」などもこの部首に当たる。

053

中級編

あれどっちだっけ？

同音異義語 ❹

1 〜 4 の A B は同じ読みでも意味が異なる「同音（同訓）異義語」です。A B の意味に対応する熟語を□に記入しましょう。

正解 ／4

答えは次のページに

1

A 死後に残された未発表の原稿

B 人をおそれさせ、服従させる力

2

A 物事をはやく成し遂げること

B 人工的に早く成長させること

3

A 物事を盛んにすること

B 既成のものに対して新しく起こること

4

A 学問や技芸をおしえさずけること

B 受け取って自分のものにすること

1 A □□（い こう） B □□（い こう）

2 A □□（そく せい） B □□（そく せい）

3 A □□（しん こう） B □□（しん こう）

4 A □□（きょう じゅ） B □□（きょう じゅ）

053➡解答

1

A 遺稿

B 威光

使い方の例に「作家の遺稿が発見された」、「親の威光を笠に着る」などがある。「いこう」の同音異義語には、ほかに「意向」「遺構」「移行」など数多くある。

3

A 振興

B 新興

どちらも物事の勢いが盛んになる、盛んにするという意味があるが、「新興」には、それまで存在したものが**いない、新しくなる**という意味が含まれる。

2

A 速成

B 促成

「速成」は、もともと仏教用語で「そくじょう」と読む。今ある姿のままですみやかに成仏すること。転じて、物事をすみやかに成し遂げる「そくせい」となった。

4

A 教授

B 享受

「享」には、もともと「供物を勧める」「高い地位の人から与えられる」の意味がある。受け取るのは自分で、相手に対して「ご享受ください」とは使わない。

COLUMN

由来が面白い熟語③

大丈夫（だいじょうぶ）

古代中国では、学識人徳の備わった立派な人を「丈夫」と褒め讃えた。のちに仏教が伝来し「大」の美称を付けて「大丈夫」となった。

蛇足（だそく）

古代中国で、蛇の絵を描く競争をし、最初に描き上げた者が余裕から足を描き足し、結果的に蛇ではなくなり、負けたことに由来する。

派手（はで）

三味線で古典的な「本手（組）（ほんてぐみ）」に対し、華やかで新しい奏法を「破手（組）（はでぐみ）」と言うのが由来とも。「映え手（はえて）」が転じたとする説もある。

観光（かんこう）

「易経」の「国の光を観る、もって王に賓（ひん）たるに利（よろ）し」（国が栄え続けるためには、王が国の制度・施設などの充実を見るべき）が由来。

青春（せいしゅん）

古代中国の陰陽五行説で「春」の色が「青」に当たり、元は季節の「春」を表す言葉。転じて、人生における若い時代を指す。

露骨（ろこつ）

戦死した者の骨が戦場で埋められず、さらされているという中国語が語源。転じて、感情などを隠すことなくさらけ出すという意味に。

駄目（だめ）

囲碁用語で、勝敗に関係ない打つ価値のない場所を意味する言葉。将来に備えて準備する「布石（ふせき）」も、囲碁に由来する言葉だ。

下種（げす）

品性の劣った人、心根の卑しいこと。かつては身分の高い人の意の「上衆（じょうず）」と呼び、「下種」はその対語。もともとは「下衆」と書いた。

054 中級編

正しい意味③

うっかり「誤用」にご用心！

1～8の2つの熟語は誤った意味が一般化しています。本来の正しい意味をAB から選んで（　）にアルファベットを書きましょう。

正解　／8

答えは120ページに

1 裸足（　）　素足（　）

A 靴も靴下も履いていない足
B 靴下を履いていない足

2 永久（　）　永遠（　）

A 時間を超えて果てしなく続く
B 物質がいつまでも限りなく続く

3 純真（　）　素朴（　）

A 素直で心にけがれのないこと
B ありのままで飾り気がないこと

4
利用（　）
使用（　）

5
範疇（はんちゅう）（　）
範囲（　）

6
復活（　）
回復（　）

7
天候（　）
天気（　）

8
無精（　）
横着（　）

4
A 役立つようにうまく使うこと
B 物や人を使うこと

5
A ある一定の限られた広がりのこと
B 同じ性質のものがまとまった枠組み

6
A もとどおりになること
B 止めたことを再びやること

7
A やや長い期間の気象状態
B 数時間から数日程度の気象状態

8
A 物事をするのを面倒くさがること
B やるべきことを怠けること

054→解答

1 裸足 A　素足 B

履物を履くか履かないかの違い。「裸足」は地面に直接、足の裏が触れる状態。

3 純真 A　素朴 B

「純真」は心に邪念や私欲がないこと。「素朴」は考え方が単純だが、ピュアという意味はない。

5 範疇 B　範囲 A

「範疇」は共通の性質を持つものの集まりで、「範囲」は物理的な広さでその中身は問わない。

7 天候 A　天気 B

ともに気象状態を表す言葉だが、「天候」のほうが「天気」よりも対象となる期間が長い。

2 永久 B　永遠 A

どちらも「いつまでも続くこと」という意味だが、「永遠」は時間、「永久」は物質が続くこと。

4 利用 A　使用 B

「利用」が役立つように使うのに対し、「使用」は本質的な変更を加えずにそのまま使うこと。

6 復活 B　回復 A

ともにもとに戻るの意味があるが、「回復」は望ましくない状態になったものが、もとに戻ること。

8 無精 A　横着 B

「横着」はすべきことを故意に怠けることで、「無精」は面倒くさがる性質を表す言葉。

055
中級編

難しくなってきたぞ！ 中学生レベル

漢字検定3級【書き問題②】

〈 〉の言葉に対応する漢字と送りがなを（ ）に記入しましょう。

1 エンジンが火を〈ふいた〉（　　）

2 〈すみやか〉に対応する（　　）

3 交通が〈とどこおる〉（　　）

4 注意を〈うながす〉（　　）

5 世間体を〈つくろう〉（　　）

6 期待に胸が〈ふくらむ〉（　　）

7 世の風潮に〈さからう〉（　　）

正解　／7

答えは次のページに

055➡解答

1 エンジンが火を〈噴(ふ)いた〉

「噴く」は満ちあふれてはき出す、勢いよくふき出す場合に用いる。「吹く」は風や呼吸に関する場合、表面に発生・出現した場合に用いる。

2 〈速(すみ)やか〉に対応する

物事の進行が速いさまのこと、時間をおかずにすぐ行うさま。「直(ただ)ちに」も意味は同じだが、こちらのほうが緊急性が高い。

3 交通が〈滞(とどこお)る〉

物事が順調に運ばない、はかどらない、つかえること。古語では、ぐずぐずとためらう、すがりつくという意味にも使われた。

4 注意を〈促(うなが)す〉

行動・進行・作用などが速やかになるように働きかける、急(せ)かすこと。ただし、「催促」のように悪いニュアンスはない。「そくす」は誤読。

5 世間体を〈繕(つくろ)う〉

衣服などの破れ損じたところや物の壊れたところを直すこと。乱れた身なりを整える、過失を隠してその場を取りなす際にも用いる表現。

6 期待に胸が〈膨(ふく)らむ〉

物が内からの力で大きくなる、考えや希望が広がって大きくなること。「膨れる」の場合、異常な原因で大きくなる、「腫(は)れる」の意味に。

7 世の風潮に〈逆(さか)らう〉

本来の方向・事態、物の勢いに反対し、逆の方向に進もうとすること。「逆」の「屰」は人間がさかさまになった姿を現す。

056
中級編

読めても書くのは難しい！

野菜に関する漢字穴埋め

□の空いたところに漢字を記入し、1～9の野菜を完成させましょう。

正解
／9

答えは次のページに

1 たまねぎ
玉□

2 にんじん
人□

3 なす
□子

4 れんこん
□根

5 かぼちゃ
□瓜

6 きゅうり
□瓜

7 とうもろこし
玉□黍

8 ほうれんそう
□□草

9 おくら
陸□根

1 **玉葱**

古代インド、トルコ、エジプトなどで野生種に近い品種が栽培されていたとも。日本には江戸時代に伝わるが当初は観賞用だった。

2 **人参**

枝分かれした根の形が人の姿を思わせることに由来。ただし、これは奈良時代に渡来した朝鮮人参のことで、薬用として栽培された。

3 **茄子**

奈良時代に中国から伝来した崑崙紫瓜（インドの紫瓜）が始まりとされ、夏にとれる野菜「夏の実」から「なすび」になったと言われる。

4 **蓮根**

形が蜂の巣に似ていることから「はすね」と言われ、「蓮根」の漢字が当てられたと言う。「根」といっても実際は泥に埋もれた地下茎のこと。

5 **南瓜**

戦国時代にポルトガル人によって、「カンボジア」の産物として日本に伝えられ、それが訛って「かぼちゃ」になったとも。

6 **胡瓜**

原産はインド・ヒマラヤ山麓といわれ、中国西域の「胡」から伝わった瓜という意味が由来。熟した実が黄色くなることから「黄瓜」とも。

7 **玉蜀黍**

戦国時代にポルトガル人によって伝えられ、それ以前に中国から渡来していた「モロコシ」に似ていることから、「唐（舶来）のモロコシ」となった。

8 **法蓮草**

江戸初期に中国から渡来。中国名で「菠稜（ポーレン、ホリン）」と呼ばれたことから、その音から「法蓮草」の漢字が当てられた。

9 **陸蓮根**

「おか（りく）れんこん」とも呼ぶ。蓮根の断面が似ていることから、土の上で育つ蓮根という意味で「陸蓮根」の漢字が当てられた。

057 中級編

熟語タテヨコパズル❷

ヒラメキが大事になるよ！

「上＋中央」「左＋中央」「中央＋右」「中央＋下」の漢字が二字熟語になるように、中央の□に漢字を記入しましょう。

❶
	時	
人	□	隔
	柄	

❷
	観	
脚	□	沢
	栄	

❸
	途	
屋	□	手
	方	

❹
	育	
達	□	就
	人	

❺
	絵	
資	□	懐
	命	

❻
	拝	
悲	□	客
	察	

❼
	禁	
好	□	欲
	価	

❽
	公	
憎	□	直
	確	

正解

／8

答えは次のページに

057→解答

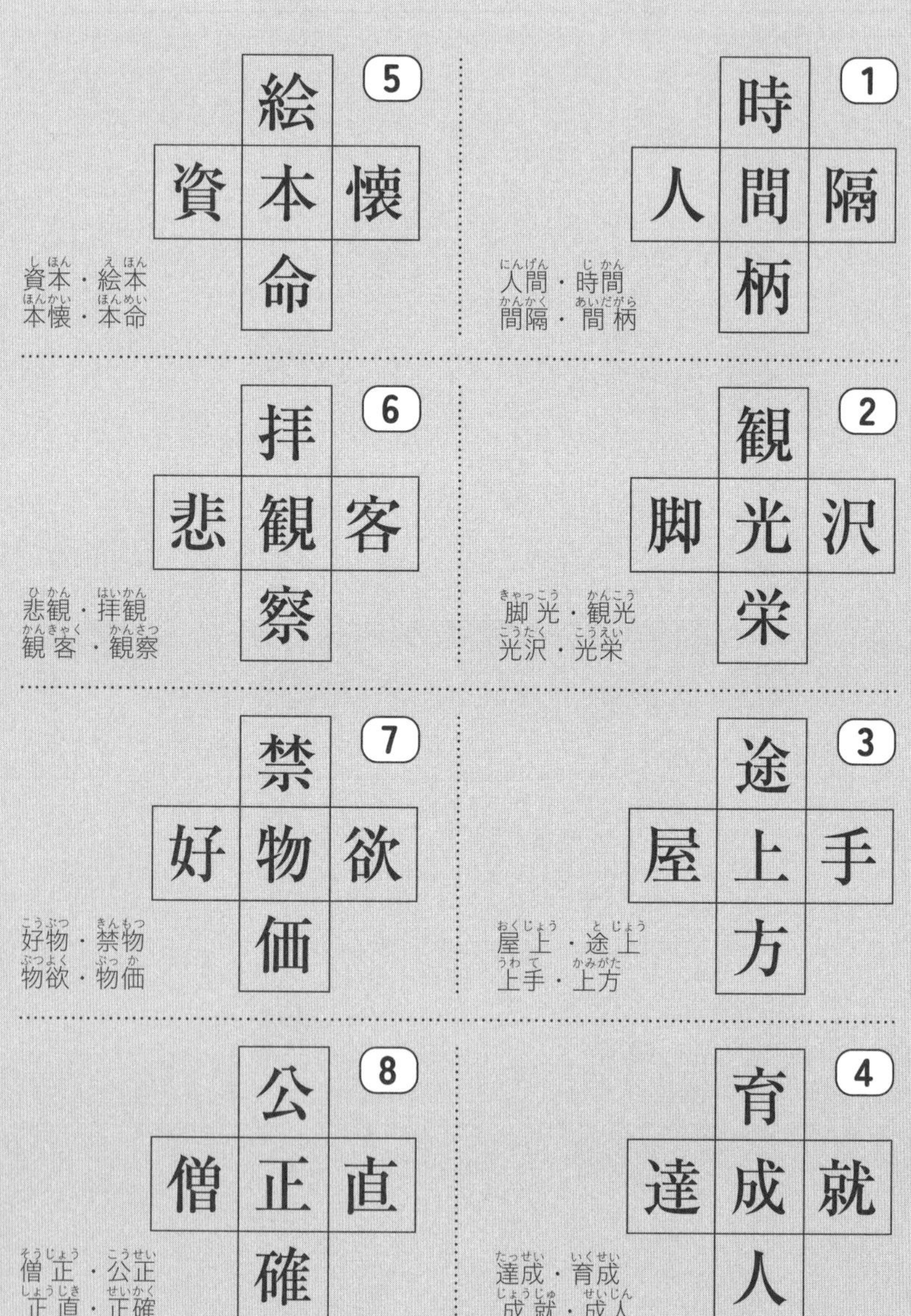
1
時
人
間
隔
柄
人間・時間
間隔・間柄
2
観
脚
光
沢
栄
脚光・観光
光沢・光栄
3
途
屋
上
手
方
屋上・途上
上手・上方
4
育
達
成
就
人
達成・育成
成就・成人
5
絵
資
本
懐
命
資本・絵本
本懐・本命
6
拝
悲
観
客
察
悲観・拝観
観客・観察
7
禁
好
物
欲
価
好物・禁物
物欲・物価
8
公
憎
正
直
確
憎正・公正
正直・正確

058
中級編

よく知ってるはずだけど読めるかな？

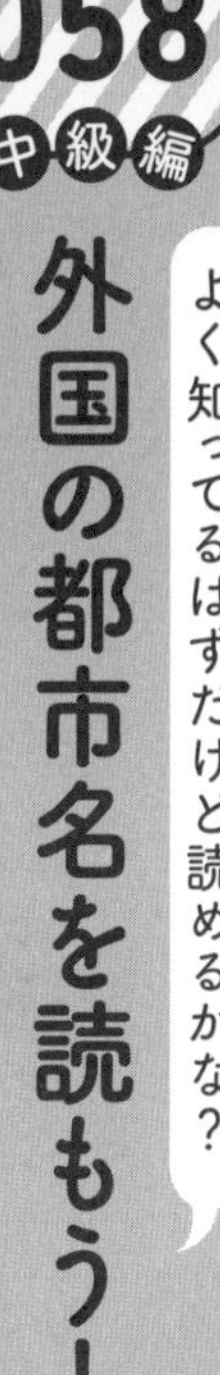

外国の都市名を読もう！

1～12の漢字の読みを（　）にひらがなで記入しましょう。

1 桑港（　　）

2 伯林（　　）

3 維納（　　）

4 雪特尼（　　）

5 耶路撒冷（　　）

6 舎路（　　）

7 紐育（　　）

8 澳門（　　）

9 倫敦（　　）

10 多倫多（　　）

11 聖林（　　）

12 瓜姆（　　）

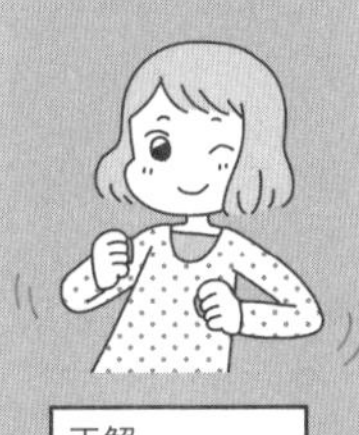

正解
／12

答えは次のページに

058→解答

1 サンフランシスコ
アメリカの太平洋岸、カリフォルニア州の中央部にある港湾都市。坂の多い町としても知られる。

2 ベルリン
ドイツの首都。第二次大戦後、国土だけでなく、ベルリンも東西に分割されていた。

3 ウィーン
オーストリアの首都。ハプスブルク家オーストリア帝国の首都として繁栄。音楽の都として知られる。

4 シドニー
オーストラリア南東部の港湾都市。オーストラリア最大の都市だが、首都はキャンベラである。

5 エルサレム
ユダヤ教、キリスト教、イスラム教の聖地。国際社会ではイスラエルの首都はテルアビブとされている。

6 シアトル
アメリカ・ワシントン州の都市。カナダ国境までわずか160㎞に位置するグランジ・ロックの発祥の地。

7 ニューヨーク
アメリカ最大の都市。世界の政治、経済、文化、ファッション、エンターテインメントの中心地。

8 マカオ
旧ポルトガルの海外領土で、現在は中国の特別行政区の一つ。カジノやモータースポーツで知られる。

9 ロンドン
イギリス(グレートブリテンおよび北部アイルランド連合王国)の首都。カナダにも同名の都市がある。

10 トロント
カナダ最大の都市でオンタリオ州の州都。ヒューロン族の言葉で「人が集まる場所」を意味する。

11 ハリウッド
アメリカ・カリフォルニア州ロサンゼルス北西部の地区。映画撮影所が集中し、ビバリーヒルズが隣接。

12 グアム
マリアナ諸島およびミクロネシア最大の島。アメリカの準州だが、住民に大統領選挙の投票権はない。

059
中級編

連想問題③

❶〜❻の文章は地名に使われている漢字を説明したものです。そこから連想される地名を□に漢字で記入しましょう。

正解
／6

答えは次のページに

1
チカラ町と読み、**アルジ**に**ゼイ**金の**ゼイ**と書きます。

□□

2
モモチと読みます。数字の**ヒャク**に**ミチ**と書きます。

□□

3
タケフと読み、**ブ**士が**イ**きると書きます。

□□

4
ヌルマユ・**ビオントウ**と書いて**ヌルユ**と読みます。

□□□

5
アテラザワと読み、右**ヒダリ**の**ヒダリ**に**サンズイ**と**シャク**です。

□□

6
コメヘンに**アウ**と書く**シマ**で、**スクモジマ**と読みます。

□□

059➡解答

1 主税

ちから。愛知県名古屋市東区主税町。徳川家康の命で清洲の町を名古屋に移した際、勘定奉行の野呂瀬主税が住んだことに由来するとも。

2 百道

ももち。福岡県福岡市早良区。元寇（文永の役）で上陸した元軍と激戦が繰り広げられた地。山梨県南アルプス市には「百々」という地名もあります。

3 武生

たけふ。近年、福井県越前市に合併された。古代の「越の国」の入口に当たる歴史ある地で、かつては町名に『源氏物語』の各巻名や能の演目名がついていた。

4 微温湯

ぬるゆ。福島県福島市の「温湯」の地に「微温湯温泉」がある。市街地から車で30分の秘湯で、その名のとおり、温泉の温度は31度とぬるめになっている。

5 左沢

あてらざわ。山形県西村山郡大江町。左沢町と漆川村が合併し大江町となった。最上川舟運の中継地として大いに栄えた地で、左沢温泉がある。

6 粭島

すくもじま。山口県周南市。古くから漁業の島として発展し、延縄漁発祥の地と言われる。貴船神社の夏祭りは、海を渡る神輿で有名だ。

060 中級編

常識のことわざ・慣用句④

知っていて当たり前！

1～8の〈 〉の読みに当てはまる漢字を□に記入し、ことわざ・慣用句（故事成語）を完成させましょう。

答えは次のページに

1 〈じょさい〉ない　□□

2 〈うごう〉の衆　□□

3 〈くんとう〉を受ける　□□

4 〈たかね〉の花　□□

5 歯に〈きぬ〉着せぬ　□

6 〈かほう〉は寝て待て　□□

7 命の〈せんたく〉　□□

8 〈いちどう〉に会する　□□

060 → 解答

1 如才ない

読み「じょさいない」

「如才」は手抜かりがあること。如才がないので、手抜かりがないという意味。話などがうまく、気が利いていること。「論語」が由来で、もとは「如在」と書いた。

2 烏合の衆

読み「うごうのしゅう」

規律も統制もなく、ただ寄り集まっただけの集団。「後漢書」が由来で、好き勝手に行動する習性がある烏（カラス）が集まっても、団結できず意味がないこと。

3 薫陶を受ける

読み「くんとうをうける」

人徳や品格のある人物から影響を受け、人格が磨きあげられること。香（薫）を焚（た）きこむ、「陶」器を作るという、手間をかけて整える作業がもとになった表現。

4 高嶺の花

読み「たかねのはな」

遠くから見るだけで、手に入れることのできないものという意味。「高嶺」とは、高山の奥地にしか咲かないシャクナゲの花が由来で、「高値の花」は誤り。

5 歯に衣着せぬ

読み「はにきぬきせぬ」

相手に遠慮せずに、言葉を飾ることなく率直に意見を言うこと。「衣」とは、袴（はかま）に対して上半身に着る衣服・着物。「きぬ」と読むので「絹」と間違えやすい。

6 果報は寝て待て

読み「かほうはねてまて」

運（幸福）は人の力ではどうにもならないものなので、焦らず時機を待つのがよいという意味。「果報」は仏教用語で、前世の行いの結果として現世で受ける報い。

7 命の洗濯

読み「いのちのせんたく」

命の垢（あか）を洗い流し寿命を延ばすという意味から転じて、日ごろの束縛や苦労から解放されて、のんびり気ままに楽しむこと。「命の選択」ではない。

8 一堂に会する

読み「いちどうにかいする」

大勢の人が一つの場所に集まること。人間以外にも、「歴代の衣装が一堂に会する」など、ものに対しても使われる表現。「一同に会する」「一堂に介する」は誤り。

061
中級編

意外と難しい特殊な表現！

食べ物を表す漢字を読む

1〜12の漢字の読みを（　）にひらがなで記入しましょう。

1 焼売（　　　）

2 善哉（　　　）

3 巻繊（　　　）

4 天麩羅（　　　）

5 摘入（　　　）

6 心太（　　　）

7 蒲鉾（　　　）

8 納豆（　　　）

9 羊羹（　　　）

10 饂飩（　　　）

11 蕎麦（　　　）

12 粽（　　　）

正解

／12

答えは次のページに

061→解答

1 しゅーまい

豚の挽肉を小麦粉の皮で包み蒸し調理した中華料理の点心。北京などでは「焼麦」と書く。

2 ぜんざい

豆(小豆)を砂糖で甘く煮た食べ物。地域により「汁粉(しるこ)」。素晴らしいを意味する仏教用語が由来とも。

3 けんちん

「巻繊地(けんちんじ)」(大根、ごぼう、しいたけなどを油でいため、崩した豆腐を入れて味をつけたもの)を用いた料理。

4 てんぷら

室町時代に日本に入ってきた南蛮料理。ポルトガル語で「調理」を意味する「tempero」が語源とも。

5 つみれ

主に魚のすり身を少しずつ摘み取って、汁の中に入れて煮る料理のこと。「摘(つ)み入れる」が語源。

6 ところてん

テングサを煮溶かし、型に流し固めたもの。「心太」の「こころ」は「凝(こ)る」、「ふと」は「太い海藻」の意味とも。

7 かまぼこ

魚肉のすり身を成形して加熱したもの。形が蒲(がま)の穂、蒲の穂は鉾(ほこ)に似ていることから「蒲の鉾」になった。

8 なっとう

僧侶が寺の台所である納所(なっしょ)で納豆を作って食べていたので「納所豆(なっしょまめ)」と呼ばれたのが由来とされる。

9 ようかん

中国では羊の肉を使ったスープのこと。日本の小豆を使った羊羹は肉食を禁じた禅宗が起源とされる。

10 うどん

奈良時代に渡来した、小麦粉の皮に餡を包んで煮た「混飩(こんとん)」という唐菓子に由来するとも。

11 そば

物の角が尖ったことを「稜(そば)」と言い、ソバの実が稜形であることから「ソバムギ」と呼ばれたことが由来。

12 ちまき

茅(ちがや)の葉で包んだ「茅巻(ちがやま)き」や、中国の詩人・屈原(くつげん)の供養のため米を笹の葉で包んだのが由来とも。

062
中級編

漢字検定2級【書き問題❶】

〈 〉の言葉を（ ）に漢字で記入しましょう。

1 〈しかく〉に襲われた（　　）

2 生ゴミの〈しゅうき〉（　　）

3 〈とこなつ〉の理想郷（　　）

4 病気で〈きとく〉に陥る（　　）

5 実力が〈はくちゅう〉する（　　）

6 防腐剤を〈てんか〉する（　　）

7 戸籍〈とうほん〉の写し（　　）

答えは次のページに

062→解答

1 〈刺客(しかく)〉に襲われた

「刺客」は「しきゃく」「せっかく」とも読む。暗殺をする者。選挙などで対立候補を送り込む際に、「刺客を送る」などと表現する場合も。

2 生ゴミの〈臭気(しゅうき)〉

くさい臭い、いやな臭い。特にごみのにおい、物が腐ったにおいなどに対して使われる言葉だが、いやな気風のたとえとしても用いる。

3 〈常夏(とこなつ)〉の理想郷

「じょうか」と読むのは誤り。一年中が夏であること。常に夏のような気候であること。「常(とこ)」を用いた言葉に、「常春(とこはる)」「常闇(とこやみ)」「常世(とこよ)」など。

4 病気で〈危篤(きとく)〉に陥る

病気が非常に重くて、今にも死にそうなこと。「篤」には真心がこもって念入りである、手厚いのほかに、病気が重いという意味がある。

5 実力が〈伯仲(はくちゅう)〉する

兄と弟、長兄と次兄のほか、力が釣り合っていて優劣のつけがたい状態を意味する。中国の「伯・仲・叔・季」という兄弟の序列が由来。

6 防腐剤を〈添加(てんか)〉する

別の物を加えること、別の物が加わること。「添」には、添える、付け加えるという意味がある。類義語に「補足」「不可」「追加」など。

7 戸籍〈謄本(とうほん)〉の写し

もととなる文書の内容をすべて写し取った文書のこと。一般的には「戸籍謄本」や「登記簿謄本」などの証明文書の写しを指す。

063 中級編

意外と難しい特殊な表現！

調理道具を表す漢字を読もう

1～12の漢字の読みを（　）にひらがなで記入しましょう。

正解

／12

答えは次のページに

1 笊（　　）

2 俎板（　　）

3 薬缶（　　）

4 鋏（　　）

5 擂り粉木（　　）

6 巻き簾（　　）

7 卸し金（　　）

8 束子（　　）

9 篦（　　）

10 刷毛（　　）

11 蒸籠（　　）

12 匙（　　）

063→解答

1 ざる

「笊」は竹で編んだ目の細かい皿型・鉢形の容器のこと。中国でも同じ漢字を使う。

2 まないた

「俎」でも「まないた」と読む。「まな」とは魚の「真魚」のことで、もともと魚を切る板だったとも言われる。

3 やかん

もともと薬を煮出すのに用いた「薬（やく）鑵（くわん）」という道具が転じたとされる。「鑵」は、水を汲む器のこと。

4 はさみ

金属を表す「金」と、両側から挟むさまを表す「夾」から成る漢字。「挟む」の連用形が名詞化した言葉。

5 すりこぎ

物をするのに用いる棒。使ううちに短くなることから、少しも進歩せず、退歩する人のことのたとえ。

6 まきす

「巻き簀」とも書く。巻き寿司などを作る道具で、細く割った葦や竹を糸で編み連ねた「すだれ」の一種。

7 おろしがね

金属・陶器などの板に、多くの小突起をつけた、食材をすりおろすための調理器具。「下ろし金」とも。

8 たわし

藁やシュロなどを束ねて作った汚れを落とす道具。「束ねたもの」「持ち手藁（てわら）」などが語源とも。

9 へら

薄く扁平になった道具の総称。「篦」という漢字は、竹片を薄く削ったもので、櫛（くし）やかんざしの意味もある。

10 はけ

柄の先端に多数の毛を取り付けた道具。日本では縄文時代には刷毛の原型があったという説がある。

11 せいろ

竹や木を編んで作られた蒸し料理用の道具。「せいろう」とも読む。古くは土製や木製の甑（こしき）が使われた。

12 さじ

液体や粉末をすくい取る道具。かつては将軍家や大名などの侍医（じい）・御殿医（ごてんい）のことを「お匙」と呼んだ。

064
中級編

読めても書くのは難しい！

文豪の名前を漢字で書こう

1〜8の人物の名前を（　）に漢字で記入しましょう。

1 なつめそうせき（　　）

2 つぼうちしょうよう（　　）

3 もりおうがい（　　）

4 あくたがわりゅうのすけ（　　）

5 だざいおさむ（　　）

6 ふたばていしめい（　　）

7 しまざきとうそん（　　）

8 たかはまきょし（　　）

正解

／8

答えは次のページに

① 夏目漱石

1867〜1916。東京大学文学部を卒業後、教師生活を経てイギリスに留学。帰国後に教師をしながら処女作「吾輩は猫である」を発表。49歳の若さで胃潰瘍で永眠。

② 坪内逍遥（遙）

1859〜1935。東京大学卒業後、日本最初の近代的文学論『小説神髄』を発表。森鷗外との「没理想論争」は有名。俳優養成にも尽力し、シェークスピア全集を訳した。

③ 森鷗（鴎）外

1862〜1922。森家は代々津和野藩の典医を務める。東京大学予科に最年少入学。卒業後に軍医となり、仕事の傍ら小説「舞姫」「高瀬舟」などを発表。

④ 芥川龍之介

1892〜1927。東京大学在学中に発表した「鼻」が夏目漱石に評価され、海軍機関学校で英語を教える傍ら、第一短編集『羅生門』などを発表。35歳で自殺した。

⑤ 太宰治

1909〜1948。青森県津軽の大地主の家に生まれる。東京帝大仏文科を中退し、井伏鱒二（いぶせますじ）に師事。『逆行』『斜陽』『人間失格』などを発表。玉川上水で入水自殺した。

⑥ 二葉亭四迷

1864〜1909。東京外国語学校露語科中退後、坪内逍遥の勧めで近代小説の先駆とされる『浮雲』を発表。ツルゲーネフの『あひゞき（び）』『めぐりあひ』を翻訳。

⑦ 島崎藤村

1872〜1943。父は木曽馬籠宿本陣の庄屋。北村透谷（きたむらとうこく）らと雑誌『文学界』を創刊し、詩集『落梅集』などを刊行。のちに小説に転じて、『破戒』『夜明け前』などを発表。

⑧ 高浜虚子

1874〜1959。中学時代、河東碧梧桐を介して正岡子規を知り、ともに子規の俳句革新を援ける。雑誌『ホトトギス』を引き継ぎ、夏目漱石の影響で小説家を志す。

豆知識

俳句雑誌『ホトトギス』は正岡子規の俳号「子規」にちなんだもの。正岡の死後、高浜虚子が経営を引き継ぎ、その時代に夏目漱石が「吾輩は猫である」を連載した。

065 中級編

食べ物の名前だよ

漢字バラバラパズル④

□の中のバラバラになった部品を組み合わせて二字熟語を作り、（ ）に漢字を記入しましょう。

正解 ／6

答えは次のページに

1 たくあん（　　）

广　尺　氵　奄

2 くるみ（　　）

兆　古　月　木

3 しそ（　　）

此　魚　艹　禾　糸

4 みょうが（　　）

夕　何　艹　口　艹

5 せんべい（　　）

飠　前　并　灬

6 ラーメン（　　）

面　立　麦　扌

1

沢庵

根を生乾しにして、糠（ぬか）と塩とで漬けた保存食。一説には、臨済宗の僧・沢庵禅師が作り始めた、または広めたことから「沢庵（漬）」と名付けられたとも。

2

胡桃

クルミ科クルミ属の落葉高木の総称。実の中にある種子が食用にされる。脂質やビタミン、ミネラルが豊富で、日本では縄文時代には食べられていた。

3

紫蘇

中国の「紫蘇」が由来。食中毒で死にかけた若者に紫蘇の葉を煎じて飲ませて快（回）復したことから、「紫色の蘇（よみがえ）る草」で「紫蘇」と名付けられたとも。

4

茗荷

もともとは「めが」と言い、奈良時代には「売我」「女我」、平安時代中期に中国名の「蘘荷」の文字が使われた。平安末期には「みょうが」と読まれた。

5

煎餅

煎餅は中国・前漢時代が発祥の食べ物で、奈良時代に空海（くうかい）が中国から持ち帰った説、千利休の弟子が考案した菓子などの説がある。

6

拉麵

中国の「拉麵」（ラーミェン）が語源。中国語で「拉」は引っ張る、「麵」は小麦粉という意味がある。日本に初めてラーメンが伝わったのは室町時代とも。

066
中級編

あれどっちだっけ？

正しい漢字⑥

❶〜❼の〈 〉の漢字で正しいほうを○で囲みましょう。

正解
／7

答えは次のページに

❶ スポーツで〈連体感・連帯感〉を高める

❷〈急救・救急〉医療のあり方を考える

❸ 物事の〈確信・核心〉をつく

❹ 彼は〈生真面目・気真面目〉すぎる人だ

❺ 高級すぎて〈式居・敷居〉が高い

❻ オレオレ〈詐欺・詐偽〉の被害にあう

❼ 外国製品を〈排斥・排斤〉する

066→解答

1 〈連体感・**連帯感**〉

「連帯感」は意識のうえで他とつながっているという感情。仲間意識。「一体感」「連体」という言葉があるので、「連体感」と迷いやすい。

2 〈急救・**救急**〉

「救急」は急場の難儀を救うこと。「急病」などという表現があるので「急救」と迷いやすい。「急救」は中国語の表現で、応急措置を意味する。

3 〈確信・**核心**〉

物事の中心となっている大切な部分を**つく**ことなので、この場合は「核心」が正解。「確信」は信じて疑わないこと、信念を固くすること。

4 〈**生真面目**・気真面目〉

単なる真面目ではなく、融通がきかないほど真面目なこと。気持ちを表すので「気」と迷うが、「生(き)」には混じりけがないという意味がある。

5 〈式居・**敷居**〉

「敷居が高い」は、「気軽には行きにくい場所」などに使われるが、本来は「不義理なことなどがあって、その人の家に行きにくい」という意味。

6 〈**詐欺**・詐偽〉

「詐欺」も「詐偽」も人をだます行為で、ともに「さぎ」と読み、意味的にもほぼ同じ。厳密にいえば、「詐欺」は他人をだましてこれを錯誤に陥れるという損害、結果まで含んだもの。「詐偽」は嘘、いつわりという手段を表現する言葉。特殊詐欺などの犯罪を表現する際は、一般的に「詐欺」を用いる。

7 〈**排斥**・排斤〉

「斥」はしりぞける、押しのけるという意味。「斤(きん)」は尺貫法の重さの単位で、そもそも「排斤」という言葉はない。

067 中級編

いよいよ本領発揮！　高校生レベル

漢字検定2級【読み問題❶】

1～10の漢字の読みを（　）にひらがなで記入しましょう。

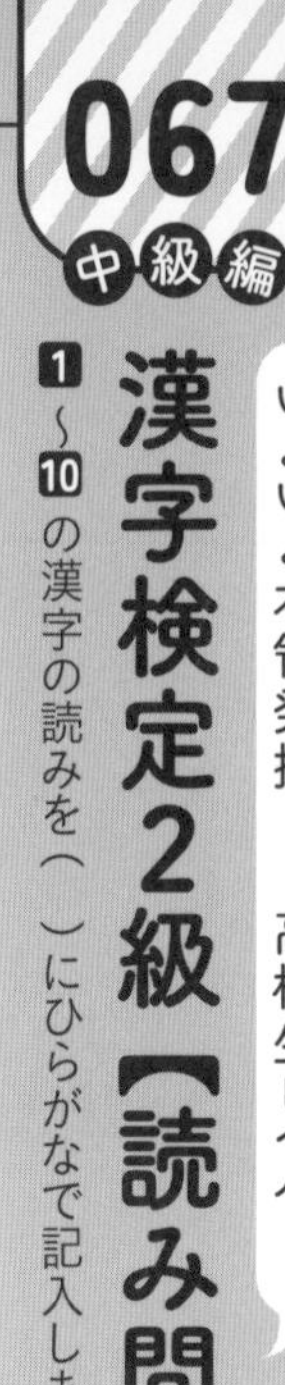

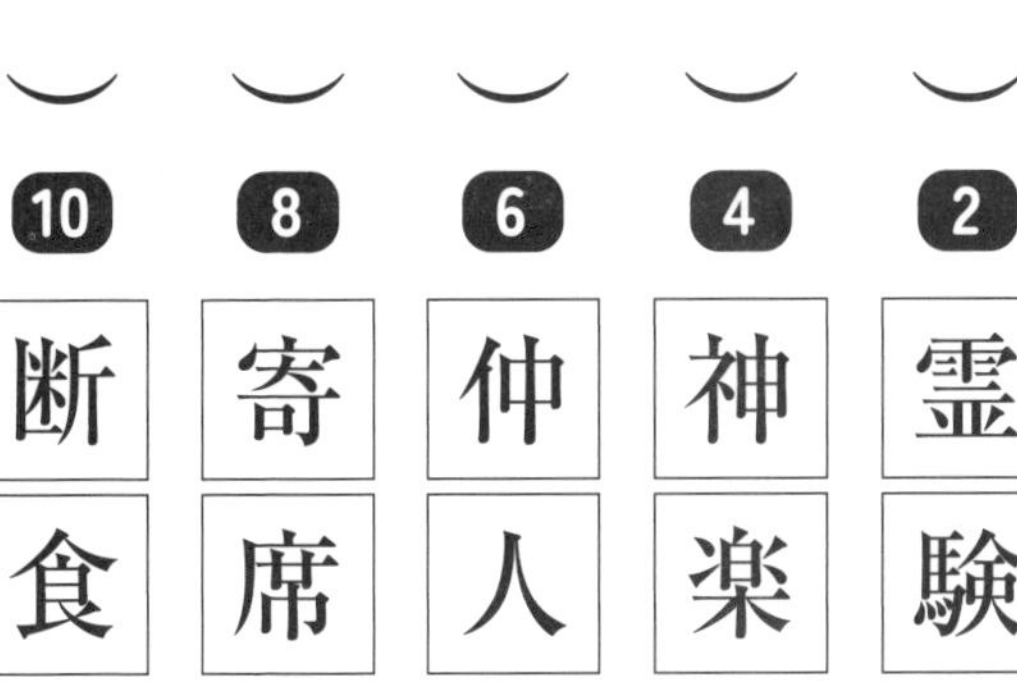

1 由緒（　　）

2 霊験（　　）

3 読経（　　）

4 神楽（　　）

5 摂政（　　）

6 仲人（　　）

7 荘厳（　　）

8 寄席（　　）

9 稚児（　　）

10 断食（　　）

正解　／10

答えは次のページに

067→解答

1 **由緒**（ゆいしょ）
物事の起こりやいわれ、物事の経てきた筋道、来歴を意味する。悪い来歴・歴史には使わない表現。

2 **霊験**（れいげん）
人の祈請に応じて神仏などが示す霊妙不可思議な力の現れ。利益。例文「霊験あらたか」

3 **読経**（どきょう）
「どっきょう」とも読む。声を出してお経を読むこと。「読誦」「誦経」「諷経」とも言う。

4 **神楽**（かぐら）
神事において神に奉納するため奏される舞楽。諸社、民間の神事芸能、能や狂言などの舞事の一つ。

5 **摂政**（せっしょう）
君主に代わって政治を執り行うこと。かつては天皇が幼少または女帝などのときに摂政を置いた。

6 **仲人**（なこうど）
人同士の間に入り、人間関係を仲立ちする役割の人。特に結婚の仲立ちをする人のこと。

7 **荘厳**（そうごん）
もとは仏教用語で「しょうごん」。仏像や仏堂を美しく厳かに飾ること。転じて、重々しく立派なこと。

8 **寄席**（よせ）
「人寄せ席」の略。落語や講談、漫才、浪曲、奇術、音曲などの大衆芸能を興行する演芸場。

9 **稚児**（ちご）
乳児、幼児のことで、「ちのみご」が語源とも。寺院や公家、武家で召し使われた少年。男色の対象。

10 **断食**（だんじき）
修行・祈願などの目的で一定期間、自発的に食物を断つこと。古くからさまざまな宗教で行われている。

断食というと日本ではお坊さんが行う印象がありますが、キリスト教やイスラム教など、さまざまな宗教で行われている修行です。

068 中級編

知っていれば評価が上がる

オトナの表現

1～7の〈　〉の読みを（　）に漢字で記入しましょう。

1 お忙しいところ〈きょうしゅく〉です（　　　）

2 このたびは〈ごしゅうしょうさま〉です（　　　）

3 資料を〈ちょうだい〉にあがりました（　　　）

4 〈へいしゃ〉まで起こしください（　　　）

5 ご〈あいこ〉いただきありがとうございます（　　　）

6 〈はいどく〉させていただきます（　　　）

7 ご〈こうはい〉にあずかり恐れ入ります（　　　）

正解

／7

答えは次のページに

068➡解答

① 恐縮

「ありがとうございます」「申し訳ございません」の意味が込められた、かしこまった言い方。

④ 弊社

「当社」も同じ意味だが、ビジネスでは、当社は相手と上下関係がなく対等である場合に使用。

⑦ 高配

日ごろからお世話になっている相手に対しての挨拶文で使用。社内では上司相手でも使用しない。

② 御愁傷様

主に葬儀や弔問の際、ご遺族にお悔やみを伝える言葉。「お悔やみ申し上げます」という表現でもよい。

⑤ 愛顧

目をかけてもらった取引先や顧客に対して使う表現。ただし、自社にお金の支払いがある相手に使う。

③ 頂戴

「もらう」の謙譲語。ビジネスでは、物をもらうときだけでなく、物事を依頼するときなどにも使用する。

⑥ 拝読

「読む」の謙譲語。上司や取引先など、目上の人が書いた書類やメールなどを読む際に使う。

豆知識

オトナな社会人は尊敬語と謙譲語を使いこなす

新社会人となって最初にぶつかる壁が言葉遣いだろう。特に謙譲語（へりくだって丁寧に述べる表現）を使いこなせず苦戦した人は多いのでは？

尊敬語の主語は相手、謙譲語の主語は自分で、例えば「行く・来る」の尊敬語は「いらっしゃる・おいでになる」、謙譲語は「うかがう・まいる」だ。

そのほか、「言う（尊おっしゃる・言われる／謙申し上げる・申す）」「見る（尊ご覧になる／謙拝見する）」「知る（尊ご存じ／謙存じ上げる）」「あげる（尊くださる、賜る／謙いただく、頂戴する）」だけでも使いこなせればかなり重宝する。

069 中級編

楽しみながらできる

漢字スケルトンパズル❸

囲みの文字を漢字にして、マス目を埋めてください。

あんぜんほしょうりじかい　いじんかん　いせいじん　いっちゅうや　えんゆうかい　かんしゅ　ぎょうしょうにん　こくりつこうえん　しゅじんこう　じんりきしゃ　たんぽ　ちからみず　にんじょう　ひとりひとり　ふあん　やこうれっしゃ

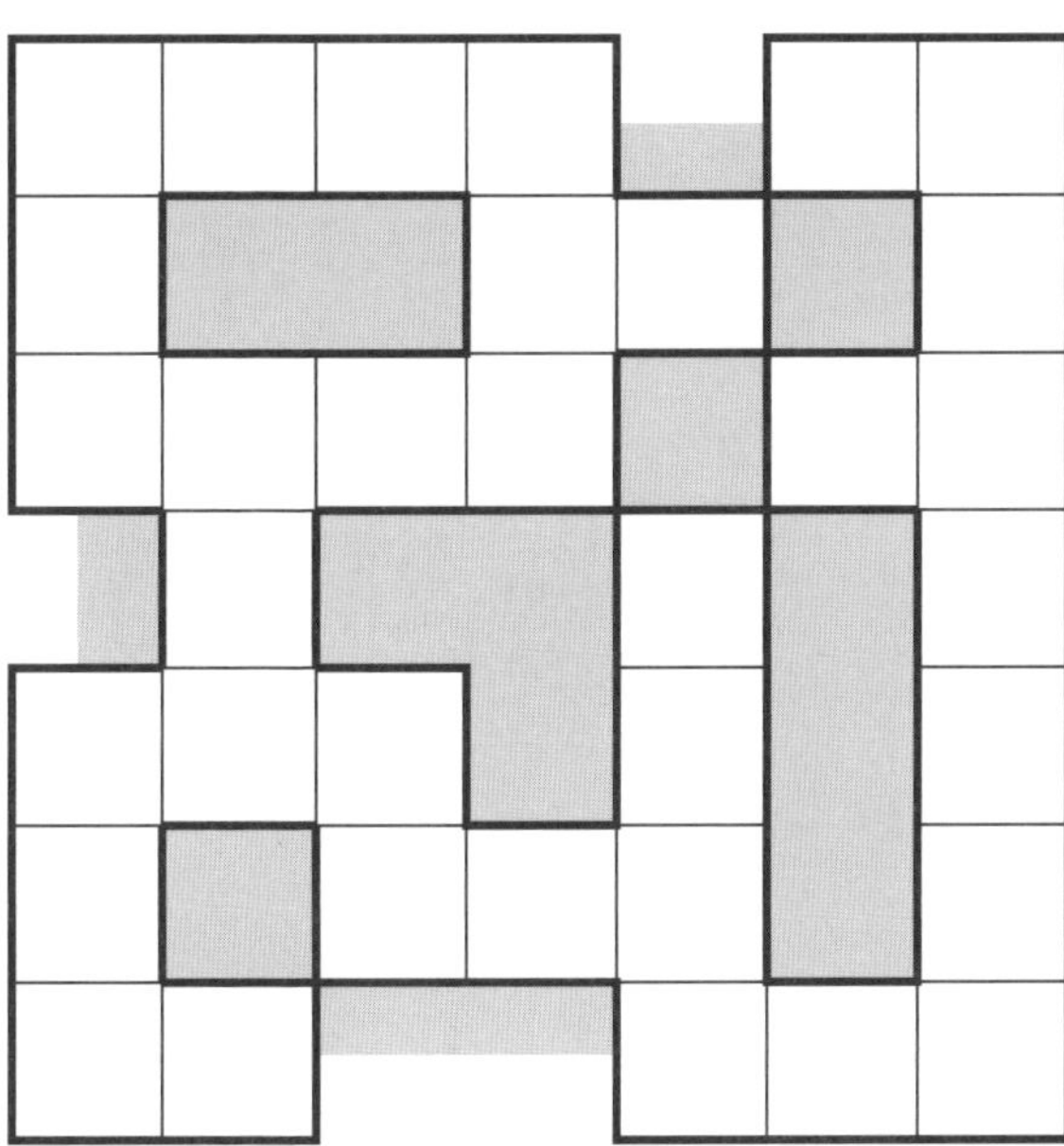

答えは次のページに

一	人	一	人		不	安
昼			力	水		全
夜	行	列	車		担	保
	商			国		障
異	人	館		立		理
星		主	人	公		事
人	情			園	遊	会

070

中級編

読み間違い❹

1～10の熟語の読みを（　）にひらがなで記入しましょう。

正解

／10

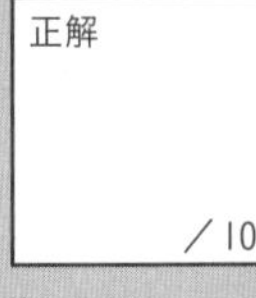

答えは次のページに

1 更迭（　　）

2 破綻（　　）

3 誤謬（　　）

4 聴聞（　　）

5 弾劾（　　）

6 詐取（　　）

7 前場（　　）

8 約定（　　）

9 遊説（　　）

10 乱高下（　　）

070→解答

1 こうてつ

誤読「こうそう」「こうしつ」

ある地位・役目にある人を他の人と代えること。

2 はたん

誤読「はじょう」「はてい」

縫い目などがやぶれること。物事がうまくいかなくなること。

3 ごびゅう

誤読「ごびょう」

考え・知識などの誤り。思考内容と対象との一致しない思惟（しい）、判断。

4 ちょうもん

誤読「ちょうぶん」

仏教用語で、説法・法話などを聞くこと。注意して聞くこと。

5 だんがい

誤読「だんこう」

犯罪や不正を調べ上げて公開し、責任をとるように求めること。

6 さしゅ

誤読「さくしゅ」

他人を騙（だま）して不正に金品を奪う行為。「さくしゅ」は「搾取」と書く。

7 ぜんば

誤読「まえば」「ぜんじょう」

取引所で、午前中に行われる売買。午後の取引時間は「後場（ごば）」と言う。

8 やくじょう

誤読「やくてい」

約束して定める、取り決めを結ぶこと。売買が成立すること。

9 ゆうぜい

誤読「ゆうせつ」

意見や主張を説いて歩く、特に政治家が各地を演説して回ること。

10 らんこうげ

誤読「らんこうか」

相場などが短期間のうちに激しく上下に動くこと。

「ごびゅう」を「ごびょう」と読んだり……。なんとなくの感覚で音を記憶していると、思い切り言い間違うことってあるよね。

071 中級編

意外と難しい特殊な表現！

城郭用語の読み書き

1〜9は読みを（ ）に、10〜12は□に漢字を記入しましょう。

正解 ／12

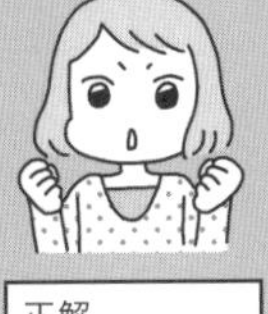

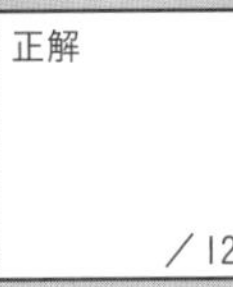

答えは次のページに

1 縄張（ ）

2 曲輪（ ）

3 馬出（ ）

4 虎口（ ）

5 隅櫓（ ）

6 唐破風（ ）

7 華頭窓（ ）

8 鯱（ ）

9 塗籠（ ）

10 きりぎし □□

11 ますがたもん □□□

12 からめて □□

071 ➡ 解答

1 なわばり

一般には土地などに縄を張って境界を定めることで、城郭では本丸の配置など、城の設計のことを言う。

2 くるわ

城や砦の中に作られた、土塁や石垣などで囲まれた区画のこと。「郭」とも。「本丸」の「丸」は曲輪の意味。

3 うまだし

城の虎口や城門を掩護するためにその前に設ける、半円もしくは四角形の土塁や石塁のこと。

4 こぐち

中世以降の城郭における出入り口。虎口は狭い道・狭い口という意味があり、「小口」とも書く。

5 すみやぐら

「櫓」は城郭内に防御や物見のために建てられた建築物で、「隅櫓」は曲輪の石塁や土塁の隅角の櫓。

6 からはふ

「破風」は屋根の妻側の造形のこと。頭部に丸みのある「唐破風」は、「唐」がつくが日本独自の技法である。

7 かとうまど

鎌倉時代に中国から伝わった仏教建築。上部が尖頭アーチ状の窓で、天守に用いられた格式の高い窓。

8 しゃち（しゃちほこ）

城の天守や櫓などの屋根に使われる装飾の一つ。鯱は頭は龍や虎、胴体は魚の想像上の生き物。

9 ぬりごめ

柱や軒などの木部の外壁まで土壁で覆う工法で作られた部屋。姫路城天守の白漆喰塗籠などが有名。

10 切岸

山城などで山の斜面の土を垂直に近い角度で削り落として断崖とし、敵の侵入を防ぐ構造のこと。

11 桝（枡）形門

「枡形・桝形」とも。城門の内側に枡形に石垣や土塁、塀、櫓などを配置した虎口のこと。

12 搦手

城や砦の裏門、陣地などの後ろ側のこと。転じて、物事の裏面のことを指す言葉になった。

072
中級編

いよいよ本領発揮！　高校生レベル

漢字検定2級【書き問題❷】

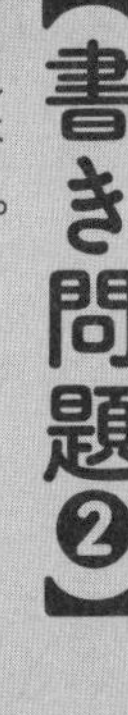

〈　〉の言葉を（　）に漢字で記入しましょう。

1 〈せきつい〉動物　（　　）

2 美しい〈いんりつ〉を刻む　（　　）

3 教師が〈すいしょう〉する参考書　（　　）

4 傷が〈えんしょう〉を起こす　（　　）

5 〈せっとう〉は犯罪だ　（　　）

6 金融〈きょうこう〉で混乱する　（　　）

7 〈せんさい〉な心の持ち主　（　　）

正解
／7

答えは次のページに

072➡解答

1
〈脊椎(せきつい)〉動物

「脊椎」は「脊椎骨」で、いわゆる背骨のこと。人間では32~34個ある。脊椎動物は魚類・鳥類・哺乳(ほにゅう)類など、脊椎を体の中心の軸とする動物。

2
美しい〈韻律(いんりつ)〉を刻む

韻文の音声上の形式。音声の長短、アクセント、子音、母音の一定の配列のしかたなどで表す音楽的な調子。俳句・和歌など。

3
教師が〈推奨(すいしょう)〉する参考書

ある品・人・事柄などのすぐれている点をあげて、人にすすめること。例文「公立図書館の活用を推奨する」「推奨銘柄」

4
傷が〈炎症(えんしょう)〉を起こす

体の一部に熱・痛み・赤みなどが生ずる症状。火傷や凍傷、化学薬品接触、ウイルスなどの感染に対して起こす生体の防御反応の一つ。

5
〈窃盗(せっとう)〉は犯罪だ

「窃」は「ひそかに」と読み、これ自体に「盗む」という意味もある。「窃盗」は他人の財物をひそかに盗み取ること。また、盗みをする人。

6
金融〈恐慌(きょうこう)〉で混乱する

恐れてあわてること。経済用語で、生産の急低下、物価の暴落、支払不能、破産などを起こすような資本主義経済における混乱状態を表す。

7
〈繊細(せんさい)〉な心の持ち主

「繊細」は細く小さいこと。ほっそりとして優美なこと。感情や感覚などがこまやかで、すみずみまで行き届くさま。

073 中級編

うっかり「誤用」にご用心！

正しい意味④

1～4の太字の言葉は誤った意味が一般化しています。本来の正しい意味をA Bから選んで（ ）にアルファベットを書きましょう。

正解 ／4

答えは次のページに

1 今夜は**無礼講**だ（　）

2 **破天荒**な人物（　）

3 **姑息**な手段（　）

4 彼は**奇特**な人だ（　）

1
A 身分や地位を無視して行う宴
B 目上に無礼を働いても許される

2
A 何をするかわからない、型破り
B 未曽有のことを成し遂げること

3
A 卑怯な行い、卑怯なさま
B その場逃れの、一時の間に合わせ

4
A 他と違って特別に優れていること
B 奇妙で変わっている、個性的なこと

073➡解答

1 無礼講 A

読み「ぶれいこう」

もともとは、神社における神事「礼講（れいこう）」の最後、神様にささげた御神酒やお餅などを参加した者に配布し、神とともに饗することを「無礼講」と言った。転じて、身分・地位の上下などを考えないで行う宴会を指す言葉になった。無礼をしても許されると考えるのは誤り。

2 破天荒 B

読み「はてんこう」

中国・宋時代の説話集『北夢瑣言（ほくむさげん）』の「天荒（未開の地）の出身者が初めて科挙に合格した」（天荒を破り開いた）という故事に由来。転じて、これまでにはなかったこと、未曽有のことという意味に。豪快で大胆という意味で、「掟破りの破天荒人生」などと用いるのは誤り。

3 姑息 B

読み「こそく」

しばらくの間、息をつくこと。転じて、一時の間に合わせに物事をすることを意味する言葉。「姑」はちょっと、「息」はやめる、終わるという意味で、根本的に対策を講じるのではなく、一時的にその場を切り抜けることができればよいということ。卑怯という意味はない。

4 奇特 A

読み「きとく」

他と違って特別に優れていること、行いが感心なことについて使われる言葉。「こんなものを買うなんて奇特なやつだ」などと風変わりの意で使うのは誤用。「奇怪」「怪奇」などという熟語があるので間違いやすいが、「奇特」は悪い意味ではない。

074 中級編

意外と難しい特殊な表現！

海の生き物を表す漢字を読む

1～12の漢字の読みを（　）にひらがなで記入しましょう。

1 海豹（　　）

2 鮑（　　）

3 烏賊（　　）

4 海豚（　　）

5 海胆・海栗（　　）

6 栄螺・拳螺（　　）

7 鯨（　　）

8 水母・海月（　　）

9 海馬・海象（　　）

10 海星（　　）

11 鯱（　　）

12 海鼠（　　）

答えは次のページに

074➡解答

1 あざらし

アザラシ科の哺乳類の総称。アシカやオットセイと似ているが、アザラシには外耳はない。

2 あわび

「鮑」と言う漢字の由来は、一説に楕円形の殻に覆われ、岩に付着する姿が身を包んだように見えるから。

3 いか

水面に漂うイカを烏（からす）が捕ろうとしたところ、死んだふりをしたイカに捕まった伝説が語源（「南越志」）。

4 いるか

顔が豚に似ているとされたことから、中国語で海に棲む豚と書いた。『古事記』では「入鹿魚」を記す。

5 うに

「海胆」は海の腸という意味。「海栗」は栗のいがによく似ていることに由来。「雲丹」とも書く。

6 さざえ

「螺（つぶ）」は、巻貝の総称。語源は「ササエ（小家）」「ササエ（小枝）」「サザレ（礫）」などさまざまな説がある。

7 くじら

かつては哺乳類ではなく魚と考えられ、その巨大さから「京（けい）」という数の単位を用いて「鯨」となったとも。

8 くらげ

「水月」とも書く。「海月・水月」は海の中に月があるように映ることから、「水母」の由来は不明。

9 せいうち

「海馬」は姿がウマに似ていることから、「海象」は牙のあるところが象に似ていることが由来とされる。

10 ひとで

5本の腕を放射線状に出した姿から漁師語で「人手」。漢字の「海星」は腕の形を星形に見立てたもの。

11 しゃち

虎のように猛々しい魚の意味。「しゃちほこ」とも読むが、こちらは頭は龍（虎）、胴体は魚の想像上の動物。

12 なまこ

古くは「こ（凝）」と呼ばれ、のちに「なま（生）」がついた。「海鼠」は鼠の後ろ姿に似ているなどの説が。

075 中級編

教養が光る！

四字熟語④

空いている□に漢字を記入して、**1**〜**6**の意味に該当する四字熟語を完成させましょう。

正解　　／6

答えは次のページに

1 当事者よりも第三者のほうが、かえって物事の真相や得失がよくわかる

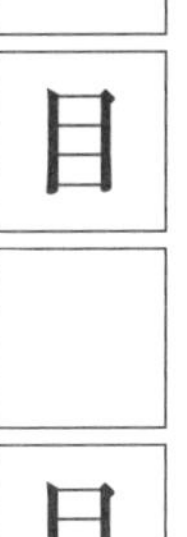

□目□目

2 すでにある作品をもとにして、新しい独自の作品を生み出すこと

□骨□胎

3 口では大きなことを言っても、実行が伴わないこと

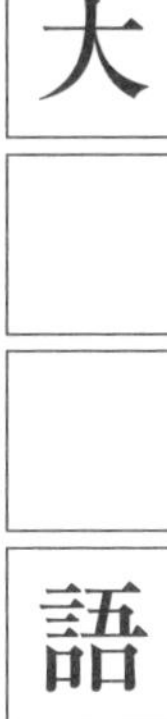

大□□語

4 仲の悪い者同士が同じ場所に居合わせること

□越同□

5 力の限りを尽くし努力すること

□骨□身

6 どんなことがあっても心を動かさず、じっと我慢して堪え忍ぶこと

□忍不□

075➡解答

① 岡目八目

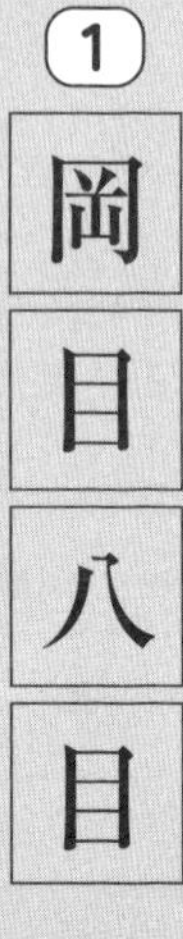

読み「おかめはちもく」

「傍目八目」でも正解。碁を脇から見学していると、実際に打っている人よりも、八目も先まで手を見越すことから、第三者のほうが正しく判断できること。

② 換骨奪胎

読み「かんこつだったい」

「換骨」は凡骨を取り去って仙骨に取り替える、「奪胎」は胎盤を奪い生まれ変わらせること。北宋（ほくそう）の黄庭堅（こうていけん）が主張した詩作の技法が由来（「冷斎夜話（れいさいやわ）」）。

③ 大言壮語

読み「たいげんそうご」

「大言」とは大きく言う、大げさな言葉、「壮語」は威勢のよい言葉。「壮」を「荘」と書き間違いしやすいので注意したい。

④ 呉越同舟

読み「ごえつどうしゅう」

「宿敵同士の呉と越の人が同じ舟に乗り、その舟が転覆しそうになれば、普段の恨みも忘れて互いに助けあうだろう」という故事にちなむ（「孫子」九地）。

⑤ 粉骨砕身

読み「ふんこつさいしん」

「粉骨」は骨を砕いて粉々にすること、「砕身」は身を砕くほど苦労すること。禅宗の経典「禅林類纂（ぜんりんるいさん）」、唐代の伝奇小説「霍小玉伝（かくしょうぎょくでん）」に登場する言葉。

⑥ 堅忍不抜

読み「けんにんふばつ」

「堅忍」は意志がきわめて強く、じっと堪え忍ぶこと。「不抜」は固くて抜けないこと。北宋（ほくそう）時代の書家・蘇軾（そしょく）の「鼂錯論（ちょうそろん）」の中で使われている言葉。

076
中級編

いよいよ本領発揮！　高校生レベル

漢字検定2級【書き問題③】

〈　〉の言葉に対応する漢字と送りがなを（　）に記入しましょう。

1 責任を〈まぬかれる〉（　）

2 〈いまわしい〉事件（　）

3 利益を〈むさぼる〉（　）

4 音楽を〈かなでる〉（　）

5 勝利の旗が〈ひるがえる〉（　）

6 甘い言葉で〈そそのかす〉（　）

7 水も〈したたる〉いい男（　）

正解
／7

答えは次のページに

076➡解答

1
責任を〈免(まぬか)れる〉

「まぬがれる」とも読む。「まぬかれる」のほうがより古い読み方。危険な目に逢わないで逃れる、免除されること。

2
〈忌(い)まわしい〉事件

「忌む」は呪術的な信仰などから、不吉なものとして避けること。嫌って、避ける。身を清め、慎んで穢(けが)れを避ける。

3
利益を〈貪(むさぼ)る〉

もとは「むさ（うっかりと）＋ぼる（欲る）」からなる言葉。飽きることなく欲しがる。また、際限なくある行為を続ける。がつがつ食べる。

4
音楽を〈奏(かな)でる〉

楽器、特に管弦楽器を演奏する。人前で手足を動かして踊る。「奏(そう)する」と読む場合、演奏する、天皇に申し上げる（奏上）を意味する。

5
勝利の旗が〈翻(ひるがえ)る〉

「くつがえる（覆る）」と誤読しやすい。反対の面が出る、さっと裏返しになる。態度・説などが急に変わって反対になる。風にたなびく。

6
甘い言葉で〈唆(そそのか)す〉

相手がその気になるように仕向ける。特に、おだてて悪いほうへ誘い入れるという、よくない意味で用いることが多い。

7
水も〈滴(したた)る〉いい男

「下垂(したた)る」の意味。古くは「しだたる」とも。水などが、しずくになって垂れ落ちる。美しさや鮮やかさが満ちている。

077
中級編

意外と難しい特殊な表現！

漢字の鉱物名を英名にする

1～12の鉱物名に対する英名を（　）にカタカナで記入しましょう。

※例えば「金剛石」の場合、「ダイヤモンド」が正解。

1 柘榴石（　　）

2 紫水晶（　　）

3 翠玉（　　）

4 土耳古石（　　）

5 藍玉（　　）

6 紅玉髄（　　）

7 瑠璃（　　）

8 月長石（　　）

9 虎目石（　　）

10 蛋白石（　　）

11 紅玉（　　）

12 橄欖石（　　）

正解

／12

答えは次のページに

077➡解答

1 ガーネット

和名は「ざくろいし」。「紅榴石」「石榴石」とも書く。1月の誕生石で、赤以外にもさまざまな色がある。

2 アメジスト

和名は「むらさきずいしょう」で、その名の通り紫色の水晶。2月の誕生石で、濃い紫ほど高品質。

3 エメラルド

和名は「すいぎょく」。「緑玉（りょくぎょく）」とも。5月の誕生石で、緑の色が深ければ深いほど価値が高いとされる。

4 ターコイズ

和名は「とるこいし」だが、トルコで産出されるわけではない。12月の誕生石で、青色に近いほど上質。

5 アクアマリン

和名は「らんぎょく」で、透き通った美しい青色が特徴。3月の誕生石で、エメラルドと同じベリルの一種。

6 カーネリアン

和名は「べに(こう)ぎょくずい」。玉髄（カルセドニー）の中でも赤色や橙色の網目模様がないもの。

7 ラピスラズリ

和名は「るり」。12月の誕生石で、深く鮮やかな青色に、ゴールドの筋模様が入っているのが特徴。

8 ムーンストーン

和名は「げっちょうせき」。6月の誕生石で、乳白色のほか灰色がかった緑や茶、褐色などさまざま。

9 タイガーズアイ

和名は「とらめいし」。ゆるい波のような模様と、コントラストのはっきりした縞模様が特徴。

10 オパール

和名は「たんぱくせき」。10月の誕生石で、虹色の光を放つ乳白色のほか、褐色、青色などさまざま。

11 ルビー

和名は「こうぎょく」。7月の誕生石で、深く透明で濃い赤色のものは「ピジョン・ブラッド」と呼ばれる。

12 ペリドット

和名は「かんらんせき」。8月の誕生石で、エメラルドに似た透明感のあるオリーブグリーン色が特徴。

078 中級編

対義語穴埋め

焦らず考えればできるよ

囲みの読みを漢字に変換して空いている□に記入し、1～10の対義語を完成させましょう。

正解　　／10

答えは次のページに

ば、けん、はく、かつ、じゅ、てっ、じゅう、しっ、きょう、きん

1 欠乏 ⇅ □実

2 絶賛 ⇅ □倒

3 国産 ⇅ □来

4 享楽 ⇅ □欲

5 設置 ⇅ □去

6 潤沢 ⇅ 枯□

7 反逆 ⇅ □順

8 横柄 ⇅ □虚

9 純白 ⇅ □黒

10 剝奪 ⇅ □与

078→解答

1 充実

読み「けつぼう⇅じゅうじつ」

類義語…「欠乏」は不足、不全など。「充実」は充満、万全など。

4 禁欲

読み「きょうらく⇅きんよく」

類義語…「享楽」は快楽、歓楽など。「禁欲」は節制、貞操など。

7 恭順

読み「はんぎゃく⇅きょうじゅん」

「恭順」は命令に謹んで従う態度をとること。

9 漆黒

読み「じゅんぱく⇅しっこく」

「漆黒」は黒漆の漆器のように深く艶のある黒で、純粋な黒の意味。

2 罵倒

読み「ぜっさん⇅ばとう」

類義語…「絶賛」は称揚、讃美など。「罵倒」は誹謗、謗言など。

5 撤去

読み「せっち⇅てっきょ」

「廃止」でも間違いではないが、厳密には廃止は「存続」の対義語。

8 謙虚

読み「おうへい⇅けんきょ」

「横柄」は態度が大きく無遠慮、「謙虚」は控えめなさまを意味する。

10 授与

読み「はくだつ⇅じゅよ」

「剝奪」の対義語は、「付与」「附与」でも間違いではない。

3 舶来

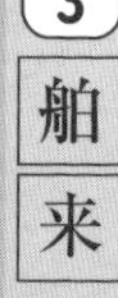

読み「こくさん⇅はくらい」

舶来のもともとの意味は、外国から船で運ばれて渡来すること。

6 枯渇

読み「じゅんたく⇅こかつ」

類義語…「潤沢」は豊満、大量など。「枯渇」は乾燥など。

漢字検定2級の問題だよ。対義語は一つとは限らないので、代表的なものを紹介したよ。

079
中級編

いよいよ本領発揮！　高校生レベル

漢字検定2級【読み問題❷】

〈　〉の漢字の読みを（　）にひらがなで記入しましょう。

1 申し出を〈一蹴〉する（　　　）
2 〈僅差〉で勝利をつかむ（　　　）
3 派閥の〈領袖〉が集まる（　　　）
4 〈畏敬〉の念を抱く（　　　）
5 背が高い〈痩身〉の男（　　　）
6 〈好事家〉に指示される（　　　）
7 〈清澄〉な朝の空気（　　　）

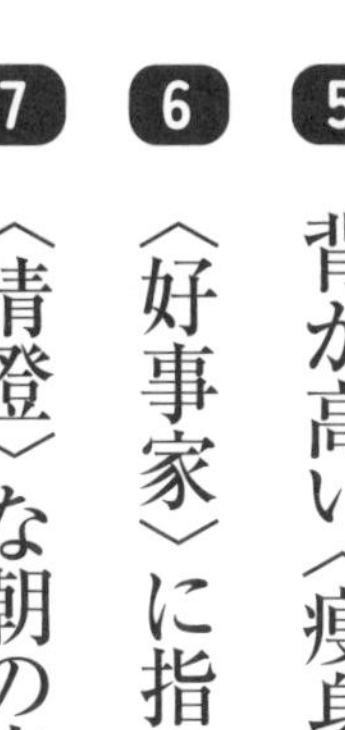

正解

／7

答えは次のページに

079→解答

1
申し出を〈いっしゅう〉する

誤読「いっしょう」「ひとけり」

「蹴」は足で蹴る、蹴飛ばす、踏みつけること。「一蹴」はすげなくはねつけるという意味。

2
〈きんさ〉で勝利をつかむ

誤読「ひんさ」

「僅差」はごくわずかな違い。「僅か」は「わずか」と読む。対義語は「大差」。

3
派閥の〈りょうしゅう〉が集まる

誤読「りょうそで」

集団を率いるかしら。衣服の襟（領）と袖は特に目立つことに由来（「晋書」魏舒伝）。

4
〈いけい〉の念を抱く

崇高なものや偉大な人を、畏れ敬うこと。「畏れ」は慎みをもって相対する心情。主に神仏などに対して用いる。

5
背が高い〈そうしん〉の男

誤読「やせみ」

「痩身」は痩せた身体、または引き締まった身体、ひょろっとした長身を表す言葉。

6
〈こうずか〉に指示される

誤読「こうじか」「こうじや」

物好きな人、風流なことを好む人のこと。現代風に言えば「オタク」や「マニア」のこと。

7
〈せいちょう〉な朝の空気

誤読「きよずみ」「きよすみ」

清らかな澄みきっているさま。空気や雰囲気について用いることが多い言葉。

難読問題❶

1～10の熟語の読みを（　）にひらがなで記入しましょう。

正解
／10

答えは次のページに

1 長閑（　　）

2 雑踏（　　）

3 僥倖（　　）

4 斟酌（　　）

5 蘊蓄（　　）

6 隘路（　　）

7 就中（　　）

8 内訌（　　）

9 懇ろ（　　）

10 須く（　　）

080→解答

1 のどか

誤読「ちょうかん」

静かでのんびりとして落ち着いているさま。

2 ざっとう

多数の人で込み合うこと。人込み。「踏」は、足を小きざみに上げおろしする、足踏みすること。

3 ぎょうこう

思いがけない幸い。偶然に得る幸運。「僥」は願う、求める。「倖」は思いがけない幸せ。

4 しんしゃく

相手の事情や心情をくみとり、ほどよくとりはからうこと。先方の事情をくみとって手加減すること。

5 うんちく

蓄えてある深い学問や技芸の知識。物を積み、蓄えておくこと。「蘊」「蓄」ともに蓄えるという意味。

6 あいろ

誤読「わいろ」「いつろ」

狭くて通行の困難な道。物事を進める上で妨げとなるものや条件。

7 なかんずく

その中でも、とりわけ、特に。「中に就く」が「なかんづく」に変化した語。例文「就中この問題は難しい」

8 ないこう

誤読「ないく」

内部の乱れ。内部の騒ぎ。うちわもめ。内紛。

9 ねんごろ

「ねんころ」から音変化した言葉。心がこもっているさま、親身であるさま。(男女が)親しいさま。

10 すべからく

当然なすべきこと、ぜひともそうすべきこと。すべて、皆という意味で用いるのは、本来は誤り。

漢字で書いたことがない言葉って、前後の文章がないと意外と読めないかも。使い方も間違えないよう、意味も確認し直そうね。

081 中級編

よく使う言葉だけど難しい

読めそうで読めない漢字

1～10の言葉の読みを、送りがなも含めて（　）にひらがなで記入しましょう。

正解　／10

答えは次のページに

1 宛ら（　　）

2 蔑ろ（　　）

3 頗る（　　）

4 逸る（　　）

5 竦む（　　）

6 屯する（　　）

7 挙って（　　）

8 拗れる（　　）

9 弁える（　　）

10 窄める（　　）

081→解答

① さながら
非常によく似ているさま、そっくりそのまま。「宛ら滝のような雨」などと、比喩表現とともに使う。

④ はやる・そる・はぐる
「はやる」は、気持が焦る、勇みたつ。「そる」は鳥が手もとから飛び立つ。「はぐる」は、はぐれるの意味。

⑦ こぞって
一人も残らず、全員の意味。「挙」には持ち上げるのほか、物事を起こす、企てるという意味もある。

⑨ わきまえる
物事の違いを見分ける、区別すること。物事の道理を心得ていること。例文「身の程を弁える」

② ないがしろ
あってもないもののように軽んじること。しまりのない、だらしのないさま。例文「両親を蔑ろにする」

⑤ すくむ
驚きや恐れ、極度の緊張などによって、体がこわばって動かなくなる。からだが小さくなる。

⑧ こじれる・ねじれる
「こじれる」は物事がもつれて、うまく進まなくなること。「ねじれる」は「捻れる」とも書く。

⑩ すぼめる
すぼめる。広がっているもの、開いていたものを小さくする。例文「傘を窄める」「口を窄める」

③ すこぶる
程度がはなはだしいさま。非常に。たいそう。例文「頗る迷惑な話だ」「頗る満足した」

⑥ たむろする
一か所に大勢の人が集まること。「屯」には、たむろするのほか、悩む、苦しむという意味もある。

日常でよく聞いたり、使ったりする言葉だけど、漢字にすると読めないよね。読み方によって意味が違う場合もあるよ。

082
中級編

類義語穴埋め

焦らず考えればできるよ

囲みの読みを漢字に変換して空いている□に記入し、1～10の類義語を完成させましょう。

ひめん、いっそう、ねんしゅつ、だきょう、いかん、させん、かんとう、やっかい、ふんきゅう、がくしき

1 造詣 ＝ □□

2 混乱 ＝ □□

3 払拭 ＝ □□

4 降格 ＝ □□

5 残念 ＝ □□

6 解雇 ＝ □□

7 工面 ＝ □□

8 面倒 ＝ □□

9 奮戦 ＝ □□

10 譲歩 ＝ □□

正解　／10

答えは次のページに

082→解答

1 学識
読み「ぞうけい＝がくしき」
「造詣」は特定分野において知識が広く理解が深く、優れていること。

4 左遷
読み「こうかく＝させん」
「左遷」はそれまでの官職・地位から低い官職・地位に落とすこと。

7 捻出
読み「くめん＝ねんしゅつ」
「工面」は金銭を整えようと工夫すること。「捻出」はひねり出すこと。

9 敢闘
読み「ふんせん＝かんとう」
「奮戦」も「敢闘」も、力を振るって果敢に戦うことを意味する。

2 紛糾
読み「こんらん＝ふんきゅう」
「紛糾」は意見や主張などが対立してもつれること。

5 遺憾
読み「ざんねん＝いかん」
「遺憾」は期待したようにならず、心残りであること。残念に思うこと。

8 厄介
読み「めんどう＝やっかい」
「厄介」は手数がかかって迷惑なこと。面倒なこと。

10 妥協
読み「じょうほ＝だきょう」
ともに、主張を押し通さず、他人の考えと折り合いをつけること。

3 一掃
読み「ふっしょく＝いっそう」
「払拭」はさっぱりと、きれいに取り除くこと。一掃すること。

6 罷免
読み「かいこ＝ひめん」
「解雇」も「罷免」も、勤めや役目を辞めさせることを意味する。

083
中級編

いよいよ本領発揮！ 高校生レベル

漢字検定2級【読み問題③】

〈 〉の正しい送りがなに○をつけ、その読みを（ ）に記入しましょう。

1 心が〈醜くい・醜い〉（　）

2 〈甚はだ・甚だ〉迷惑だ（　）

3 〈潔い・潔よい〉決断（　）

4 道の〈傍ら・傍わら〉（　）

5 流行に〈疎い・疎とい〉（　）

6 子を〈慈む・慈しむ〉（　）

7 結束が〈綻びる・綻る〉（　）

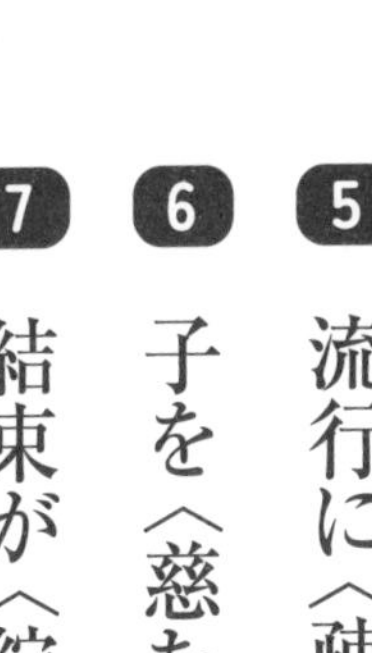

答えは次のページに

083→解答

1
〈醜くい・醜い〉（みにくい）

魅力が感じられない。見て不快に思う、不道徳な感じがする。特に視覚的なもの、人間の容姿に対して使うことが多い表現。

2
〈甚はだ・甚だ〉（はなはだ）

普通の程度をはるかに超えているさま。たいへん。非常に。「甚雨」「甚暑」「甚大」など、熟語の後ろの漢字の程度を強調する意味がある。

3
〈潔い・潔よい〉（いさぎよい）

事物・風景などが清らかである。汚れがない。行いが正しく、私心がない。未練げもなく、さっぱりしている態度のこと。

4
〈傍ら・傍わら〉（かたわら）

そば、すぐ近く。「仕事の傍ら、勉学に努める」などというように、何かをすると同時に、その合間に別の何かを行うといった場合にも用いる。

5
〈疎い・疎とい〉（うとい）

親しい間柄でない、疎遠。知識や理解が不十分なこと、事情に暗いという意味も。例文「部外者を疎んじる」「政治に疎い」

6
〈慈む・慈しむ〉（いつくしむ）

目下の者や弱い者に愛情をそそぐ。かわいがって大事にすること。「愛しむ」とも書く。平安時代の「うつくしむ」から変化した表現。

7
〈綻びる・綻る〉（ほころびる）

誤読「じょうびる」「ほろびる」「やぶれる」

縫い目などがほどける。花の蕾（つぼみ）が少し開く。表情がやわらぐ、笑顔になる。

084
中級編

楽しみながらできる

漢字ナンクロスケルトンパズル③

マス目の同じ数字には同じ漢字が入ります。すべてのマス目を埋めましょう。

1	世	1	代			2
方		等		3	源	4
通		4	5	道		裏
6	2			3	7	
	7	倒	見		会	食
	電			3		塩
5	車		6	雲	流	3

［対応表］

1	2	3	4	5

6	7

正解

／7

答えは次のページに

一	世	一	代			路
方		等		水	源	地
通		地	下	道		裏
行	路			水	面	
	面	倒	見		会	食
	電			水		塩
下	車		行	雲	流	水

〔対応表〕

1	2	3	4	5
一	路	水	地	下

6	7
行	面

085
中級編

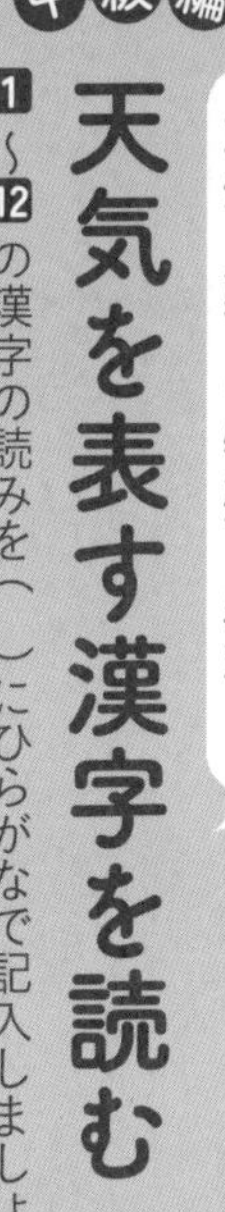

意外と難しい特殊な表現！

天気を表す漢字を読む

1～12の漢字の読みを（　）にひらがなで記入しましょう。

1 時化（　　）

2 霙（　　）

3 氷柱（　　）

4 雹（　　）

5 五月雨（　　）

6 叢雨（　　）

7 霰（　　）

8 靄（　　）

9 南風（　　）
「みなみかぜ」「なんぷう」以外

10 東風（　　）
「ひがしかぜ」「とうふう」以外

11 凩（　　）

12 旱（　　）

正解
／12

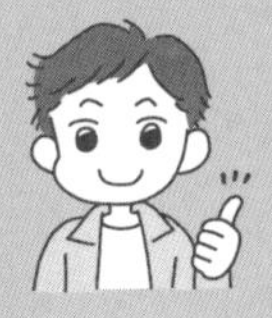

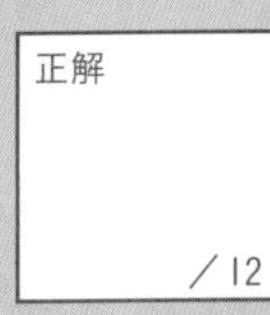

答えは次のページに

085➡解答

1 しけ
暴風雨で海が荒れること。反対は「凪」。不漁、不景気を表すときにも使用される言葉。

2 みぞれ
「氷雨」とも言う。雨と雪が混ざって降る現象。初雪は霙でもカウントされる。

3 つらら
建物の軒下などから棒状に伸びた氷。つるつると光沢のあるものを「つらら」と言うことが語源とも。

4 ひょう
積乱雲から降る直径5㎜以上の氷粒。表面は滑らかな氷だが、こぶができて凹凸になっていることも。

5 さみだれ
旧暦5月頃（新暦6月）に降る長雨。梅雨のこと。物事が断続的に行われることのたとえ。

6 むらさめ
「村雨」「群雨」とも書く。ひとしきり激しく降り、やんではまた降る雨、にわか雨のこと。「驟雨」とも。

7 あられ
直径5㎜未満の氷粒。氷粒が積乱雲の中で上昇と下降を繰り返し、大きくなっていく。

8 もや
空気中の細かい水滴が浮遊し、遠方がかすんで見える現象。気象観測では視程1㎞以上。1㎞未満は霧。

9 はえ（まじ・まぜ）
夏の南からの季節風。地域によりさまざまな読みがある。「はえ」は九州などに多い。

10 こち（あゆ・あい）
地域によりさまざまな読みがある。早春に吹く東寄りの風。「春風」とも言われる。

11 こがらし
秋の末から冬にかけて強く吹く冷たい風。「木枯らし」とも。「凩」は国字（日本で作られた文字）。

12 ひでり
日が強く照ること、長く雨が降らずからからに乾くこと。「旱魃」の「魃」はひでりの神という意味。

COLUMN

由来が面白い熟語❹

二枚目（にまいめ）

江戸時代、上方歌舞伎では芝居小屋の前に、一枚目に主役、二枚目に美男役、三枚目に道化役の名前が書かれた看板が掲げられた。

金輪際（こんりんざい）

仏教用語で金輪、水輪、風輪の三輪の一つ。金輪は大地の世界。金輪際は金輪と水輪の接する部分で、転じて底の底までの意味に。

約束（やくそく）

束を結んでまとめる（約する）こと。古代中国で、取り決めを忘れないよう、内容を記した木簡に目印として紐（ひも）などを結んだことに由来する。

億劫（おっくう）

もともとは仏教用語で、非常に長い時間を表す。「劫」はサンスクリット語の最長の時間の単位で、「一劫」の一億倍が「億劫」である。

裏目（うらめ）

サイコロを振って出た目の裏側の目のこと。六面体のサイコロは、「1」の裏は「6」というように表裏が奇数と偶数になっている。サイコロ賭博で、半（はん）（奇数）にかけたら丁（ちょう）（偶数）が出たことを「裏目に出る」と言った。そこから転じて、期待したことと反対の結果が出るときに用いる表現となった。

高飛車（たかびしゃ）

将棋が由来となった言葉。飛車を自陣の前方の高い位置（敵陣に近い位置）に進める攻撃的な陣形。勝つのが難しく、普通はあまり用いない。高飛車でも勝てるという相手を見下した意味がある。

馬鹿（ばか）

サンスクリット語で「無知」「迷妄」を意味する「baka」「moha」の音に当てた「莫迦」「募何」から転じたものと言われる。

086 中級編

楽しみながらできる

漢字入りクロスワード③

大きなマス目には漢字を記入しましょう。漢字は音読み、訓読み、どちらのパターンもあります。タテ・ヨコのカギをヒントに、ほかのすべてのマス目もカタカナで埋めてください。

タテのカギ

1 食べ過ぎると乗るのが怖い
2 胸のドキドキ
3 新聞や雑誌の記事を書く人
4 婿の相方
5 ベートーベンなら♪ダ・ダ・ダ・ダーン！で始まる
7 「パズル」は名詞、「解く」は？
10 指先の渦巻き
12 親機じゃない方
13 一定の期間。○○○点検
14 ウイット
16 焼鳥の心臓部分
17 美しい言葉。○○麗句

ヨコのカギ

2 国と国のさかい
6 部署が変わった、人事○○○
8 真面目過ぎ。四角○○○
9 リムジン、トラック、バスなどの総称
11 サラダオイル、オリーブ油やラードなど
12 滝を登って龍になる魚
13 他の状態に。脱サラが人生の○○○だった
14 微妙なおもむき。人情の○○に触れる
15 何となく感じる。秋の○○○
18 一対一の勝負

正解 ／1

答えは186ページに

<table>
<tr><td>1</td><td>■</td><td>2</td><td></td><td>3</td><td>4</td><td>5</td></tr>
<tr><td>6</td><td rowspan="2" colspan="2">7</td><td>■</td><td>8</td><td></td><td></td></tr>
<tr><td>9</td><td>10</td><td></td><td>■</td><td></td></tr>
<tr><td>11</td><td></td><td>■</td><td></td><td>■</td><td>12</td><td></td></tr>
<tr><td></td><td>■</td><td>13</td><td></td><td rowspan="2" colspan="2">14</td><td>■</td></tr>
<tr><td>15</td><td>16</td><td></td><td>■</td><td>17</td></tr>
<tr><td>18</td><td></td><td></td><td></td><td></td><td>■</td><td></td></tr>
</table>

086→解答

<table>
<tr><td>タ</td><td>■</td><td>コ</td><td>ツ</td><td>キ</td><td>ヨ</td><td>ウ</td></tr>
<tr><td>イ</td><td rowspan="2" colspan="2">動</td><td>■</td><td>シ</td><td>メ</td><td>ン</td></tr>
<tr><td>ジ</td><td>シ</td><td>ヤ</td><td>■</td><td>メ</td></tr>
<tr><td>ユ</td><td>シ</td><td>■</td><td>モ</td><td>■</td><td>コ</td><td>イ</td></tr>
<tr><td>ウ</td><td>■</td><td>テ</td><td>ン</td><td rowspan="2" colspan="2">機</td><td>■</td></tr>
<tr><td>ケ</td><td>ハ</td><td>イ</td><td>■</td><td>ビ</td></tr>
<tr><td>イ</td><td>ツ</td><td>キ</td><td>ウ</td><td>チ</td><td>■</td><td>ジ</td></tr>
</table>

087
中級編

熟語タテヨコパズル③

ヒラメキが大事になるよ！

「上＋中央」「左＋中央」「中央＋右」「中央＋下」の漢字が二字熟語になるように、中央の□に漢字を記入しましょう。

正解
／8

答えは次のページに

1

	分	
原	□	点
	望	

2

	応	
緊	□	報
	速	

3

	非	
作	□	物
	火	

4

	暴	
好	□	詩
	方	

5

	穏	
日	□	尚
	歌	

6

	理	
図	□	消
	散	

7

	迎	
青	□	秋
	霞	

8

	明	
眼	□	餅
	台	

087→解答

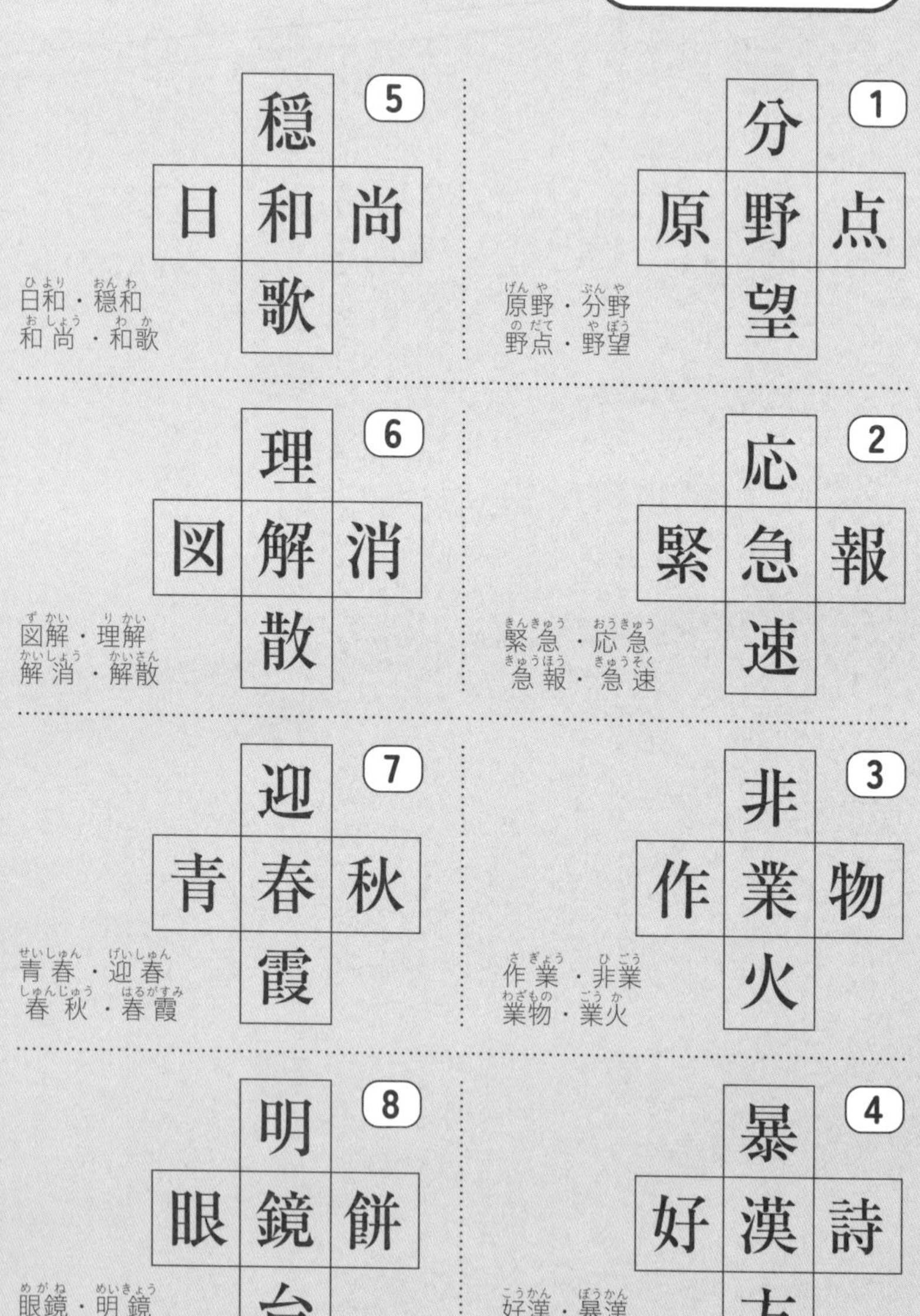

1
分
原 野 点
望
げんや　ぶんや
原野・分野
のだて　やぼう
野点・野望
2
応
緊 急 報
速
きんきゅう　おうきゅう
緊急・応急
きゅうほう　きゅうそく
急報・急速
3
非
作 業 物
火
さぎょう　ひごう
作業・非業
わざもの　ごうか
業物・業火
4
暴
好 漢 詩
方
こうかん　ぼうかん
好漢・暴漢
かんし　かんぽう
漢詩・漢方
5
穏
日 和 尚
歌
ひより　おんわ
日和・穏和
おしょう　わか
和尚・和歌
6
理
図 解 消
散
ずかい　りかい
図解・理解
かいしょう　かいさん
解消・解散
7
迎
青 春 秋
霞
せいしゅん　げいしゅん
青春・迎春
しゅんじゅう　はるがすみ
春秋・春霞
8
明
眼 鏡 餅
台
めがね　めいきょう
眼鏡・明鏡
かがみもち　きょうだい
鏡餅・鏡台

かなりの難問！

漢字検定準1級以上

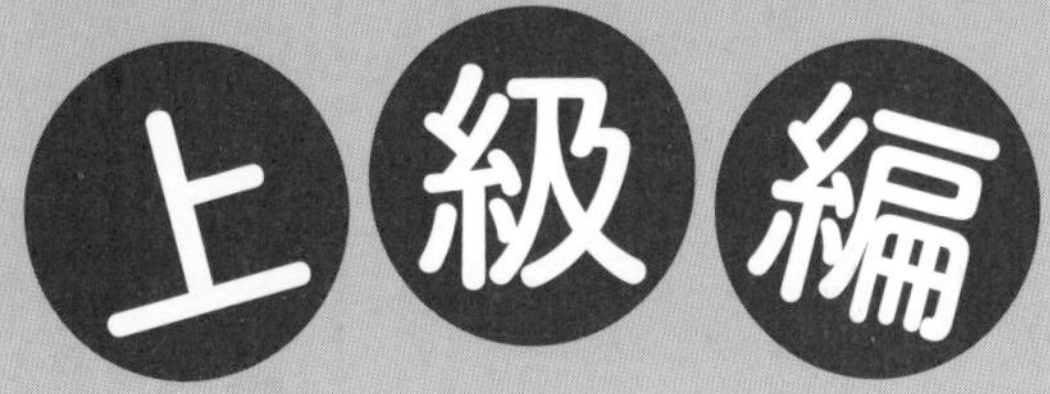

「上級編」は主に漢字検定

準1級～1級の大学生レベル※の問題です。

知らない言葉も多いかも。いざ、自分の実力を試してみよう！

※漢字のレベルは例外もあります。

088 上級編

楽しみながらできる

漢字入りクロスワード❹

大きなマス目には漢字を記入しましょう。漢字は音読み、訓読み、どちらのパターンもあります。タテ・ヨコのカギをヒントに、ほかのすべてのマス目もカタカナで埋めてください。

答えは192ページに

タテのカギ

1 虹のような金属光沢を持つ甲虫

2 同じ床に寝ながら別の夢を見る、同床○○

4 フルーツがなる木

5 枯山水が有名な京都の寺

6 豊水や二十世紀

7 実現しそうもないことを色々考える

10 授業で絵を描くペーパー

11 地面の下

15 外で忘れたり落としたりした物

17 三人寄れば○○○○の知恵

18 具体的な形になること

19 既婚女性

20 事件が起こった場所。犯行○○○

22 「ワン」の次

ヨコのカギ

1 勝ち目なし。○○○に無勢

3 「小さなガチョウ」という意味の素朴な笛

8 「男子」じゃない方

9 我を忘れて。○○○○○で逃げる

12 筆で書いたもの

13 周りは敵ばかり。四面○○

14 恋の進化形？

1		2	■	3	4	5	6
	■	7		■	8		
9	10			11			■
12		■	13		■	14	15
■	16	17		■	18		
19			■	20			
	■	21	22			■	
23					■	24	

16 布団の中のダウン
18 大将のもとで、作戦を考える人
19 縫うための機械
20 「理想」の反対
21 計画や期待が実際に形になること
23 潜水用の呼吸装置。〇〇〇〇〇ダイビング
24 サマー

088➡解答

<table>
<tr><td>タ</td><td>ゼ</td><td>イ</td><td></td><td>オ</td><td>カ</td><td>リ</td><td>ナ</td></tr>
<tr><td>マ</td><td></td><td rowspan="2" colspan="2">夢</td><td></td><td>ジ</td><td>ヨ</td><td>シ</td></tr>
<tr><td>ム</td><td>ガ</td><td>チ</td><td>ユ</td><td>ウ</td><td></td></tr>
<tr><td>シ</td><td>ヨ</td><td></td><td>ソ</td><td>カ</td><td></td><td>ア</td><td>イ</td></tr>
<tr><td></td><td>ウ</td><td>モ</td><td>ウ</td><td></td><td>グ</td><td>ン</td><td>シ</td></tr>
<tr><td>ミ</td><td>シ</td><td>ン</td><td></td><td rowspan="2" colspan="2">現</td><td>ジ</td><td>ツ</td></tr>
<tr><td>セ</td><td></td><td>ジ</td><td>ツ</td><td></td><td>ブ</td></tr>
<tr><td>ス</td><td>キ</td><td>ユ</td><td>ー</td><td>バ</td><td></td><td>ナ</td><td>ツ</td></tr>
</table>

同音異義語⑤

いざ、書けるかな？

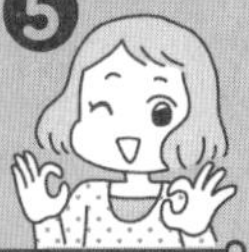

1～4のA Bは同じ読みでも意味が異なる「同音異義語（同訓異義語）」です。□に読みに該当する漢字を記入しましょう。

答えは次のページに

1

A □（しょう）□（ちゅう）の珠

B □（しょう）□（ちゅう）を飲む

2

A □（かく）□（せい）の感がある

B 眠りから□（かく）□（せい）する

3

A 船体が大きく□（かし）ぐ

B 釜で米を□（かし）ぐ

4

A □（し）□（し）身中の虫

B □（し）□（し）にむち打つ

089→解答

1

A 掌中

B 焼酎

「掌中」はてのひらの中。物事を自分のものにする、自分の支配の及ぶ範囲にあるということ。「焼酎」の「焼」は熱を加える、「酎」は濃い酒の意味を持つ。

2

A 隔世

B 覚醒

「隔世」は時代を隔てること、時代が違うこと。「隔世遺伝」などとも使われる。「覚醒」は目が覚めること。迷いからさめるという意味でも使われる。

3

A 傾ぐ

B 炊ぐ

「傾」は「かたむ（く）」の読みが一般的だが、同じ意味で「船が傾（かし）ぐ」「首を傾（かし）げる」とも使われる。「炊（かし）ぐ」は古語の「かしく」が由来で、「炊（た）く」と同じ意味。

4

A 獅子

B 死屍

「獅子身中の虫」は、獅子の体内に寄生して、ついには獅子を死に至らせる虫。もとは仏教徒なのに仏法に害をなす者を表した。「屍」は「しかばね」の意味。

090
上級編

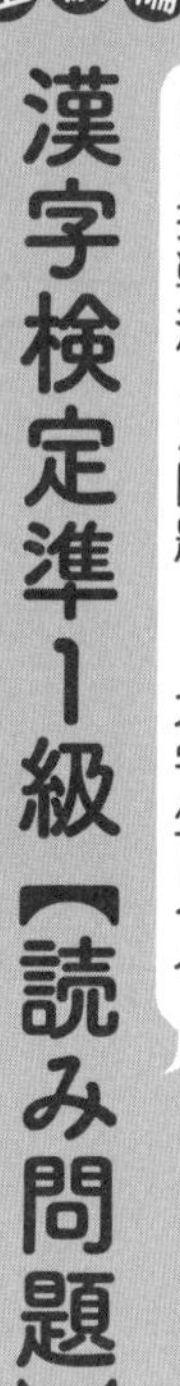

いざ挑戦激ムズ問題！　大学生レベル

漢字検定準1級【読み問題】

1～10の漢字の読みを（　）にひらがなで記入しましょう。

1 溝渠（　　）

2 潟湖（　　）

3 嬰児（　　）

4 禿筆（　　）

5 杜漏（　　）

6 神祇（　　）

7 鄭重（　　）

8 曳航（　　）

9 貴賤（　　）

10 逼塞（　　）

正解

／10

答えは次のページに

090→解答

1 溝渠（こうきょ）
主に給排水を目的として造られる水路のうち、小規模な溝状のものの総称。気持ち、心のへだたり。

2 潟湖（せきこ）
湾が砂嘴、砂州、沿岸州によって外海から隔てられ湖沼化した地形。英語の「ラグーン」と同じ。

3 嬰児（えいじ）
古くは「みどりご」と言う。生まれたばかりの赤ん坊、ちのみご、乳児。3歳くらいまでの幼児。

4 禿筆（とくひつ）
毛の先が擦り切れた筆。ちびた筆。転じて、自分の文章や筆力を謙遜して使う表現。

5 杜漏（ずろう）
ぞんざいで、手抜かりが多いこと。いいかげんで、しめくくりがないこと。例文「杜漏な企画」

6 神祇（じんぎ）
天神（天の神）と地祇（地の神）の両方を指す言葉。日本神話の天津神と国津神。天地の神々。

7 鄭重（ていちょう）
「ていじゅう」とも読む。礼儀正しく、手厚いこと。注意が行き届いていて丁寧なこと。大切に扱うこと。

8 曳航（えいこう）
船や航空機がほかの船や荷物などを引いて（引かれて）航行すること。例文「客船を埠頭まで曳航する」

9 貴賤（きせん）
身分の貴いこと（高い者）と賤しいこと（低い者）。金額の高いことと安いこと。例文「職業に貴賤なし」

10 逼塞（ひっそく）
落ちぶれて世間から隠れ、ひっそり暮らすこと。江戸時代の武士や僧侶に科された刑罰の一つ。

「神祇＝天神地祇」のうち、天上に属する天津神で有名なのが天照大神、地上に属する国津神では大国主命（神）です。

091 上級編

教養が光る！

常識のことわざ・慣用句❺

❶～❻の〈　〉の読みに当てはまる漢字を□に記入し、ことわざ・慣用句（故事成語）を完成させましょう。

正解
／6

答えは次のページに

❶ 〈ぼんのう〉の犬は追えども去らず

❷ 洛陽の〈しか〉を高める

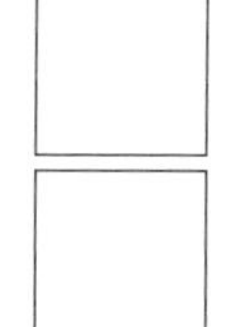

❸ 〈かいけい〉の恥を注（雪）ぐ

❹ 〈きんじょう〉に花を添える

❺ 骨折り損の〈くたび〉れ儲け

❻ 〈きゅうそ〉猫を噛む

091→解答

1 煩悩の犬は追えども去らず

読み「ぼんのうのいぬはおえどもさらず」

人の煩悩はいくら追い払っても、人につきまとう犬のように、次々にわいてきて心から離れない。「煩悩」は仏教の根本にかかわる基本教義の一つで、人の心身を悩ませ苦しめる心の働きのこと。

2 洛陽の紙価を高める

読み「らくようのしかをたかめる」

晋の左思という人物が「三都賦（さんとのふ）」を作ったときに、これを写す人が多く、洛陽では紙の値が高くなった（「晋書」文苑伝）という故事に由来する。転じて、著書が評判となり、売れ行きがとてもよいことを意味する。

3 会稽の恥を注（雪）ぐ

読み「かいけいのはじをすすぐ」

屈辱を耐え忍んで、復讐を果たすこと。会稽山の戦いに敗れた越王・勾践（こうせん）は、恥を忍んで呉王に降伏。その際の屈辱を忘れないよう心に刻み、ついには呉を討って滅ぼした（「史記」越王勾践世家）という故事が由来。

4 錦上に花を添える

読み「きんじょうにはなをそえる」

美しいものの上にさらに美しいものを添えること。よいものの上にさらによいものを添える。王安石（おうあんせき）が詠んだ「即事（そくじ）」という詩に由来。「錦上添花（きんじょうてんか）」という四字熟語としても使われる。

5 骨折り損の草臥れ儲け

読み「ほねおりぞんのくたびれもうけ」

苦労しても疲れるだけで、少しも成果が上がらないこと。「くたびれる」は古くは「くたびる」と言い、「朽（く）つ」「腐（くた）す」と同源の言葉。「草臥」の漢字は当て字で、「詩経」の中の詩にある「草臥」（疲れて草に臥す）に由来する。

6 窮鼠猫を噛む

読み「きゅうそねこをかむ」

弱い者も追いつめられると強い者に反撃することのたとえ。「死して再びは生きずとなれば、窮鼠も狸（たぬき）を噛む」という前漢時代に編纂された「塩鉄論（えんてつろん）」に由来する表現。「狸」とあるが、これはヤマネコを意味している。

連想問題❹

私の出身地、さて書けますか?

❶～❻の文章は地名に使われている漢字を説明したものです。そこから連想される地名を□に漢字で記入しましょう。

正解

／6

答えは次のページに

❶ 魚のカレイに谷のサワでカレイザワと読みます。

□□□□

❷ 年寄りがマイ踊ると書いてオシャマップと読みます

□□□

❸ 家畜のウシがスベルと書いてウシナメリと読みます。

□□

❹ オトメなトウさんと書いてオッチと読みます。

□□

❺ 26本の樹モクと書いてトドロキと読みます。

□□□

❻ サカナがいる川のセにかかるハシの3文字を組み合わせて、ヤナセと読みます。

□□□

092➡解答

1

かれいざわ。青森県青森市浪岡。浪岡は古くから交通の要衝として栄え、信仰の山とされる梵珠山、浪岡北畠氏の居城・浪岡城などの観光地として知られる。

2

老者舞

おしゃまっぷ。北海道釧路郡釧路町。太古の湿原の姿を残す広大な釧路湿原国立公園や阿寒湖などの観光地があるほか、温泉やグルメなども楽しめる。

3

牛滑

うしなめり。富山県富山市。富山市は富山湾の豊かな海の幸に恵まれ、飛騨高地や北アルプス立山連峰をひかえた自然豊かな土地である。

4

乙父

おっち。群馬県多野郡上野村。この地は古くは「上野（こうずけ）国」と言われたが、上野村は「うえの」と読む。同じ上野村には、「乙母（おとも）」という地名もある。

5

廿六木

とどろき。新潟県燕市。廿六木集落があったが、滝沢ダム建設に伴う廿六木大橋のつけ替え工事のため、全戸移転となった。

6

魚梁瀬

やなせ。高知県安芸郡馬路村。魚梁瀬は源平合戦に敗れた平家の落人が住みついた歴史ある集落だが、魚梁瀬ダム建設により水没した。

093 上級編

四字熟語⑤

教養が光る！

1〜8の四字熟語の読みを（　）に書きましょう。

1 欣求浄土（　　）

2 傲岸不遜（　　）

3 孟母三遷（　　）

4 不惜身命（　　）

5 戴盆望天（　　）

6 蚕食鯨呑（　　）

7 断簡零墨（　　）

8 珍魚落雁（　　）

正解　／8

答えは次のページに

093→解答

1 ごんぐじょうど

仏教用語で、極楽浄土に往生することを心から願い、求めること。「厭（厭）離穢土（煩悩に穢れた現世を嫌い離れること）」とセットの形で用いることが多い。

2 ごうがんふそん

おごり高ぶって人を見下し、へりくだる気持ちがないこと。謙虚さがないような人のこと。「傲岸」と「不遜」を合わせた四字熟語で、「傲慢不遜」もほぼ同じ意味。

3 もうぼさんせん

教育には環境が大切であるという教え、教育熱心な母親のたとえ。孟子の母が教育のため、最適の環境を選んで三度転居したという故事が由来（「列女伝」）。

4 ふしゃくしんみょう

仏教用語で、仏道をきわめるためには、身も命も惜しまないこと（「法華経」譬喩品）。転じて、自分の身をかえりみないで物事に当たること。

5 たいぼんぼうてん

頭に盆を載せたまま天を仰ぎ見ることはできないように、二つのことを一度に実現させることは無理なことのたとえ。司馬遷「漢書」に由来する言葉。

6 さんしょくげいどん

蚕が桑の葉をどんどん食べ、鯨が魚を次々と丸呑みにするという様子から、強大なものが弱小なものを一気に侵略することをたとえた表現。

7 だんかんれいぼく

元の形がなくなった文書の切れ端や書物の一部、ちょっとした書き物のたとえ。「断簡」はきれぎれになってしまった文書、「零墨」は一滴の墨のこと。

8 ちんぎょらくがん

魚や雁も恥じらって姿を隠すほどの美人。「荘子」（斉物論）が由来だが、本来の意味は、絶世の美女でも、魚や鳥から見れば逃げるだけ（ただの人にすぎない）。

094 上級編

いざ、書けるかな？

同音異義語⑥

1～4のABは同じ読みでも意味が異なる「同音異義語（同訓異義語）」です。□に読みに該当する漢字を記入しましょう。

答えは次のページに

1

A □□（こ こう）の臣

B □□（こ こう）を脱する

2

A 師の教えに□□（い はい）する

B 父の□□（い はい）をまつる。

3

A 矢が□（つる）音を響かせる

B 出世の□（つる）を探す

4

A 夢が□（つい）える

B 歳月が□（つい）える

1

「股肱」は一番頼みとする部下、手足と頼むもの。ひとり他にぬきんでて高いことを「孤高」と言うが、「孤高の臣」とは言わない。「虎口を脱する」は虎の口の中から逃げ出す、危険からのがれるという中国の故事成語がもとになった表現。

2

「違背」は規則・命令などにそむくこと。「違反」と意味はほぼ同じだが、「違背」は関係がある人間同士が決めた約束、「違反」とは国や会社が定めた法規にそむく行為を意味する。「位牌」は仏教において供養に用いる仏具。

3

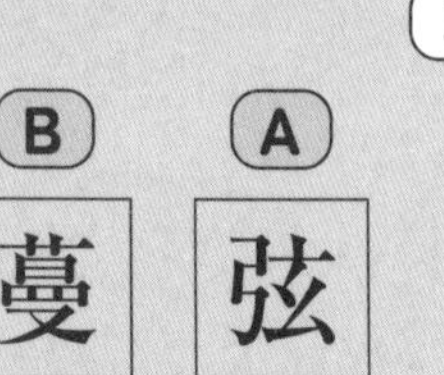

「弦」は「げん」とも読み、弓や楽器に張る糸のこと。「弦音(つるおと)」は、矢を放ったとき、弓の弦の鳴る音を意味する。「蔓」は細くて長い植物で、他の物にからんだり地をはったりする。「蔓を探す」とは、巻き付く（寄生する）相手を探すという意味。

4

「潰える」は計画や希望、勢いなどがくずれ、だめになること。戦いでことごとく負けてしまう場合にも用いられる表現。「費える」は財物がひどく減る場合だけでなく、時間や労力が無駄に使われた際の表現にも使われる。

095
上級編

いざ挑戦激ムズ問題！ 大学生レベル

漢字検定準1級【書き問題】

〈 〉の言葉を（ ）に漢字（送りがながつく場合もあり）で記入しましょう。

正解
／7

答えは次のページに

1 〈きたん〉のない意見（ ）
2 その評価は〈ふ〉に落ちない（ ）
3 逃走を〈ほうじょ〉した疑い（ ）
4 〈あんたん〉たる気持ち（ ）
5 古傷が〈うずく〉（ ）
6 記事を〈ねつぞう〉する（ ）
7 財産を〈こしらえる〉（ ）

095➡解答

1 〈忌憚(きたん)〉のない意見

忌みはばかること。嫌い嫌がること。遠慮する、差し控える、慎むこと。一般的に否定の語を伴って用いられる。

2 その評価は〈腑(ふ)〉に落ちない

「腑」は、はらわた、胃腸などの内臓、臓腑のこと。心、心の中、性根。否定の語を伴うことが多く、「腑に落ちない」は納得できないという意味。

3 逃走を〈幇助(ほうじょ)〉した疑い

手を貸すこと、手助け、援助。他人の犯罪行為を容易にするため、有形・無形の方法で助力すること。例文「国外から脱出を幇助する」

4 〈暗澹(あんたん)〉たる気持ち

薄暗くはっきりしない、暗く陰気なさま。将来の見通しが立たず、まったく希望がもてないさま。気持ちが暗く、うちしおれているさま。

5 古傷が〈疼(うず)く〉

傷口などが脈打つように痛む。ずきずき痛む。心に強い痛みを感じる。「疼く」は、「ひびら(く)」とも読む(意味はほぼ同じ)。

6 記事を〈捏造(ねつぞう)〉する

実際になかったことを故意に事実のように仕立て上げること。古くは「捏」は「でつ」と読み、「でっち上げ」の語源となったともいわれる。

7 財産を〈拵(こしら)える〉

ある材料を用いて、形の整ったものやある機能をもったものを作り上げる。手を加えて、美しく見せる。ないことをあるかのように見せかける。

096 上級編

部首を探す④

間違いやすいから注意してね

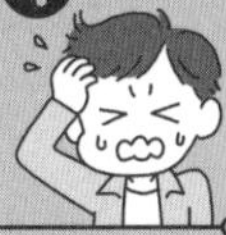

□の漢字の部首を囲み、さらにその部首名を（　）に書きましょう。

正解
／6

答えは次のページに

1 幕
（　　　）

2 衛
（　　　）

3 豪
（　　　）

4 産
（　　　）

5 虜
（　　　）

6 帰
（　　　）

096→解答

漢字の色が濃い部分が部首に当たります。

1

幕

はば（巾）

「はばへん」は漢字の左につくが、「はば」は「席・師・布・希」など、ほかの部首と紛らわしい漢字が多い。

3

ぶた・いのこ

「豕」は口の突き出ている猪の象形で、「豚・象・豫」の部首だが数は少ない。ちなみに「猪」は「犭（けものへん）」。

5

虜

とらかんむり・とらがしら

「虍」の形は虎の頭の象形で、虎の皮の模様を意味する。この部首の漢字は少ないが、「虎・虐・虚」などがある。

2

ぎょうがまえ

「ゆきがまえ」とも。「行」の部首は「ぎょう」。「街・衝」など、「行」の間にほかの文字が入るのが「ぎょうがまえ」。

4

うまれる

「なべぶた（亠）」や「たつ（立）」と迷うが、部首は「生」で草が地上に生じてきた象形文字。「甥・甦」などがある。

6

はば（巾）・りっとう（刂）

一般的には「はば」が部首とされるが、「刀」部に属する「りっとう（刂）」を部首とする辞書もあり、どちらでも正解。

097
上級編

読めても書くのは難しい!

スポーツに関する漢字穴埋め

□の空いたところに漢字を記入し、スポーツ(和名)を完成させましょう。

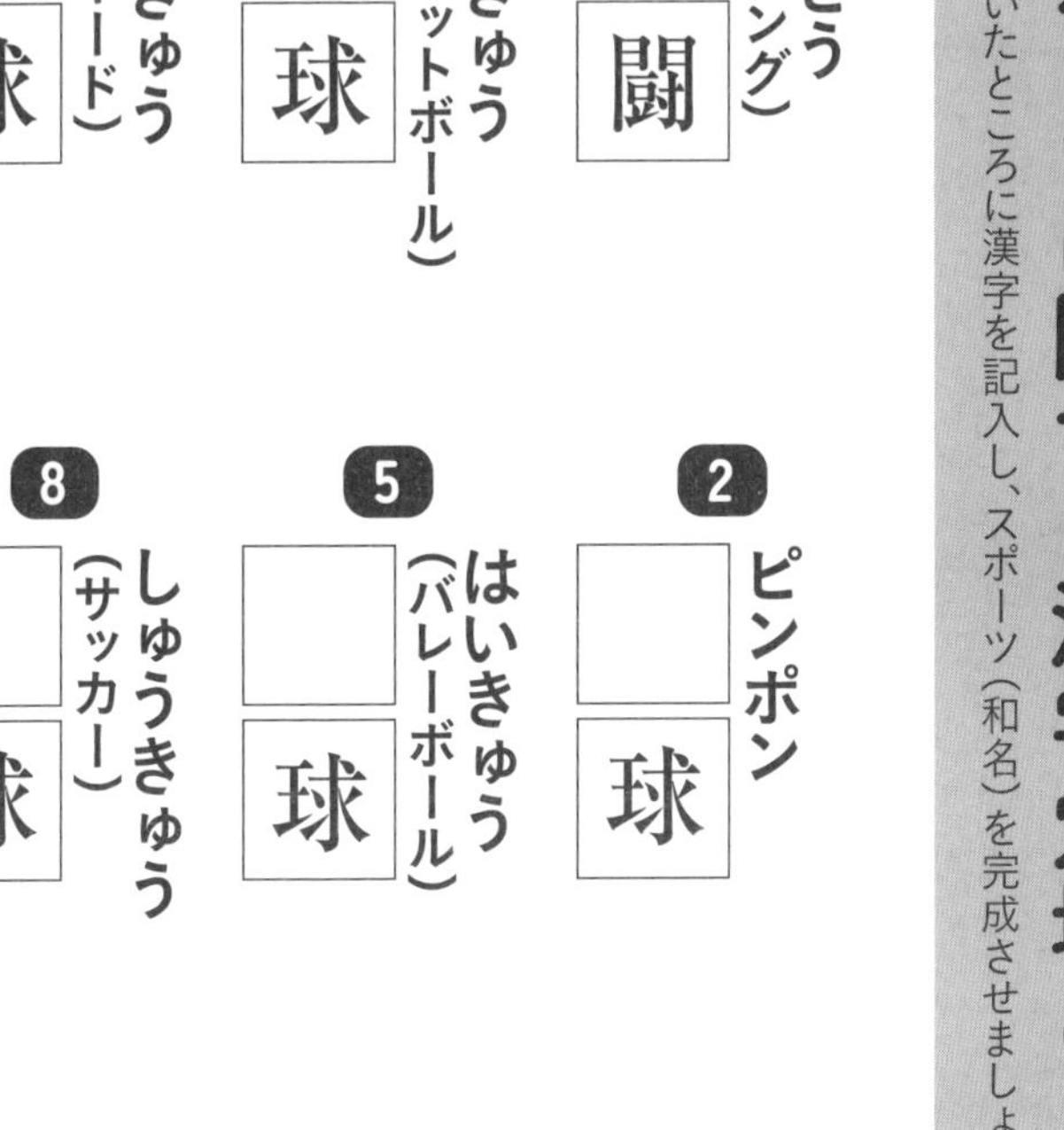

1 けんとう(ボクシング) □闘

2 ピンポン □球

3 ていきゅう(テニス) □球

4 ろうきゅう(バスケットボール) □球

5 はいきゅう(バレーボール) □球

6 とうきゅう(ラグビー) □球

7 どうきゅう(ビリヤード) □球

8 しゅうきゅう(サッカー) □球

9 うきゅう(バドミントン) □球

正解

/9

答えは次のページに

097→解答

1 拳闘

古代オリンピックの正式種目だった歴史を持つ。現在のような3分1ラウンド制やグローブの着用などのルールができたのは、19世紀後半。

2 卓球

19世紀終わりのイギリスが発祥。当時はテニスが流行していたが、雨天の際に室内でテニスのまねごとをしたのが始まりとされる。

3 庭球

「テニス」の語源は、フランス語の「球を取れ（tenez）」とも。日本語の庭球は、もともとテニスが庭で行う競技であることに由来する。

4 籠球

カゴを意味する「バスケット」をそのまま漢字にした表現。バスケットボールは、19世紀後半、アメリカの大学講師によって考案された。

5 排球

「排」は手で押して開く、列に並べるという意味。ボールを打つときの手の動きや、コート内での選手の配置からこの漢字が当てられた。

6 闘球

イギリス発祥。第二次世界大戦中、外来語の使用を禁じられ、ボールを取り合うことから「ラグビー」にこの漢字が当てられた。

7 撞球

「撞」は突くの意味。ボールを突くという競技のスタイルがそのまま当てられた。中国語では台の上で行うので「台球」と書く。

8 蹴球

イギリス発祥のスポーツ。日本では、明治時代に、伝統的遊具の蹴鞠（けまり）の一種であるという意味で、「蹴球」という言葉が生まれた。

9 羽球

シャトルに羽が使われていることから名付けられた。「バドミントン」という名称は、イギリスのボーフォート公爵の本邸があった地名が由来。

098
上級編

難読問題❷

見たことはあるけど読めるかな？

1～10の熟語の読みを（　）にひらがなで記入しましょう。

正解

／10

答えは次のページに

1 齟齬（　　）

2 彙報（　　）

3 馥郁（　　）

4 碩学（　　）

5 膾炙（　　）

6 孜孜（　　）

7 誰何（　　）

8 掉尾（　　）

9 弘誓（　　）

10 燧石（　　）

098→解答

1 そご

物事がうまくかみ合わないこと。食い違うこと。例文「両者の意見に齟齬をきたす」

2 いほう

分類別にまとめた報告や報告書。「彙」は集めるという意味。例文「過去の彙報に記載があった」

3 ふくいく

よい香りがすること。よい香りが漂っている様子。例文「馥郁とした梅の香」

4 せきがく

「碩」は大の意味。修めた学問が広く、深いこと。博学。またはその人、大学者。

5 かいしゃ

「膾」はなます、「炙」はあぶり肉。味がよく、広く喜ばれることから、世の評判になって知れわたること。

6 しし

熱心に努め励むさま。主に頭脳労働について用いる表現。例文「孜孜として学ぶ」

7 すいか

相手が何者かわからないときに、呼びとめて問いただすこと。例文「警備員に誰何される」

8 ちょうび（とうび）

物事が最後になって勢いの盛んになること。転じて、最後、終わりの意味。例文「掉尾の勇」

9 ぐぜい

仏教用語で、菩薩が自らの悟りをひらき、衆生（しゅじょう）を救済して彼岸に渡そうとする広大な請願。

10 ひうちいし

火を打ち出すのに用いる石。火打石とも。非常に硬質な玉髄（ぎょくずい）質の石英（せきえい）からできている岩石の一種。

099

上級編

楽しみながらできる

漢字ぐるぐるしりとり❷

骨水日欲　合人途用　肩食的有　感証中問　学車地明　歌実大満　縁質組物路　一子生品良

友		心		下			
	求	不		腹		傷	答
	中	下		椅			無
		無		物	守		
理		名	空			学	水
	本				番		
起		後			認	体	
		改	種		董		甲

左上から右、右上から右下というように、マス目の中央に向けてしりとりが成り立つように、囲みから漢字を選んでマス目を埋めましょう。

正解

／1

答えは次のページに

099→解答

友	人	心	地	下	水	質	問
欲	求	不	満	腹	感	傷	答
食	中	下	車	椅	子	的	無
学	途	無	実	物	守	中	用
理	一	名	空	大	歌	学	水
物	本	有	合	組	番	生	路
起	日	後	明	証	認	体	肩
縁	良	改	種	品	董	骨	甲

友人→人心地→地下水→水質→質問→問答無用→用水路→路肩→肩甲骨→骨董品→品種改良→良縁→縁起物→物理学→学食→食欲→欲求不満→満腹感→感傷的→的中→中学生→生体認証→証明→明後日→日本一→一途→途中下車→車椅子→子守歌→歌番組→組合→合有→有名無実→実物大→大空

100 上級編

いざ挑戦激ムズ問題！　大学生レベル

漢字検定1級【読み問題】

1～10の漢字の読みを（　）にひらがなで記入しましょう。

1 闖入（　　）

2 耳朶（　　）

3 孺子（　　）

4 諡号（　　）

5 綽然（　　）

6 輜重（　　）

7 仇讐（　　）

8 蠱惑（　　）

9 瑟瑟（　　）

10 婀娜（　　）

正解　　／10

答えは次のページに

100→解答

1 闖入（ちんにゅう）

突然、無断で入り込むこと。「闖」は「うかが(う)」と読み、急に入りこむという意味がある。

2 耳朶（じだ）

「みみたぶ」とも読む。耳の下の垂れ下がった部分。音が大きく聞こえたことを「耳朶を打つ」と言う。

3 繻子（しゅす）

「朱子」とも書く。平織りや綾織りと並ぶ織物の三原組織の一つ。いわゆる「サテン」のこと。

4 諡号（しごう）

主に帝王・相国などの貴人の死後におくる名前、諡（おくりな）。生前の事績への評価に基づいてつけられる。

5 綽然（しゃくぜん）

ゆったりとして余裕のあるさま。「綽」は「ゆる(やか)」「たお(やか)」とも読む。

6 輜重（しちょう）

軍隊で必要な兵糧、被服、武器、弾薬など、輸送すべき軍需品の総称。また、それを運ぶ道具や人。

7 仇讐（きゅうしゅう）

互いに敵対している相手、かたき、あだ、仇敵（きゅうてき）。「仇」も「讐」も、憎い相手、かたき、恨みの意味を持つ。

8 蠱惑（こわく）

珍しさ、美しさなどで人の心をひきつけ、惑わすこと。「蠱」は穀物や食器類につく虫、まじない、のろい。

9 瑟瑟（しつしつ）

風が寂しく吹くさま。波の立つさま、または波の立つ音。「瑟」は古代中国の弦楽器のひとつ。

10 婀娜（あだ）

もとは、たおやかで美しいさま。近世末期に、特に女性の色っぽくなまめかしいさまを表すようになった。

「婀娜」が意味する色っぽくなまめかしいさまは、悪い意味ではなく、「洗練された粋（いき）なさま」というニュアンスがあったようです。

101 上級編

教養が光る!

常識のことわざ・慣用句⑥

1～6の〈　〉の読みに当てはまる漢字を□に記入し、ことわざ・慣用句(故事成語)を完成させましょう。

正解

／6

答えは次のページに

1 〈わさび〉と浄瑠璃は泣いて誉める

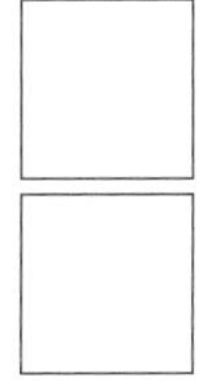

2 失策は人にあり、〈かんじょ〉は神にあり

3 〈よし〉の髄から天井を覗く

4 禍福は〈あざな〉える縄の如し

5 人間万事〈さいおう〉が馬

6 〈そうこう〉の妻は堂より下さず

101➡解答

1 山葵と浄瑠璃は泣いて誉める

読み「わさびとじょうるりはないてほめる」

山葵は質のよいものほど辛（から）くて涙が出るし、浄瑠璃は観客を泣かせてこそうまい芸であるといわれる。「わさび」の語源は諸説あるが、「悪障疼（わるさわりひびく）」の略など、辛さに由来したものが多い。

2 失策は人にあり、寛恕は神にあり

読み「しっさくはひとにあり、かんじょはかみにあり」

失敗をするのが人であり、それを許すのが神である。人は誰しも失敗するものだから、気にするなという意味。

3 葦の髄から天井を覗く

読み「よしのずいからてんじょうをのぞく」

葦の茎の細い穴を通して天井を見ても、天井の一部分しか見えないのに、天井全体を見たと思い込む愚かさをたとえた表現。浅い知識や経験をもとにして、大きな問題、物事を判断しようとしていること。

4 禍福は糾える縄の如し

読み「かふくはあざなえるなわのごとし」

この世の災いと幸福は、縄のように表裏を成しているので、代わる代わるやってくるものであることのたとえ。「史記・南越伝」が出典のことわざで、「糾える」とは、（縄や糸などを）より合わせた状態を意味する。

5 人間万事塞翁が馬

読み「にんげんばんじさいおうがうま」

一見、不運に思えたことが幸運につながったり、その逆だったりすることのたとえ。前漢時代の「淮南子（えなんじ）」にある「人間訓」の故事に由来する言葉で、「塞翁」とは北方の砦に住む占いが得意な老人（翁）のこと。

6 糟糠の妻は堂より下さず

読み「そうこうのつまはどうよりくださず」

貧しいときから苦労をともにしてきた妻を、出世した後に追い出してはいけない（「後漢書」宋弘伝）。つまり、出世後もそれまで支えてくれた妻を大切にせよということ。「糟糠」は酒粕（さけかす）と糠（ぬか）で粗末な食事を意味する。

102 上級編

読めても書くのは難しい！

寺社にまつわる漢字穴埋め

□の空いたところに漢字を記入し、寺社にまつわる漢字を完成させましょう。

正解

／9

答えは次のページに

1 とりい

□居

2 しめなわ

注□縄

3 さいせん

□銭

4 かんなめさい

神□祭

5 しで

□□

6 てんしんちぎ

天□地□

7 かしこどころ

□所

8 かつおぎ

□木

9 はいぶつきしゃく

□仏毀□

102→解答

1 鳥居

神社などにおいて、神域と人間が住む俗界を区画するもの（結界）。神に供えた鶏の止まり木が起源、「通り入る」が語源など諸説ある。

2 注連縄

神聖な区域とその外とを区分するための標（目印）で、紙垂をつけて張った縄のこと。語源は、「占める縄」と言われる。

3 賽銭

「散銭」とも書く。神前に撒き散らす米（散米）に由来し、貨幣が流通して「散銭」となり、神の恩に感謝し祀る意味で「賽銭」になったとも。

4 神嘗祭

宮中祭祀の一つ。五穀豊穣の感謝祭で、天皇がその年の新穂を天照大神に奉納する儀式。このあと、すべての神々に向けて新嘗祭を行う。

5 紙垂

神様への捧げ物「御幣」の一つ。もとは木綿・麻を垂らしたが、昔は貴重だった紙も使われるようになった。注連縄や玉串などに垂らされる。

6 天神地祇

短く「神祇」とも言う。日本神話で天神は「天の神＝天津神」、地祇は「地の神＝国津神」のこと。天地の神々すべてを意味する言葉。

7 賢所

「けんしょ」とも。天皇が居住する宮殿の中で、三種の神器の一つ神鏡「八咫鏡」を祀っている建物。現在の皇居の宮中三殿の一つ。

8 鰹木

屋根の棟に直角になるように平行して並べた部材。形状が魚のカツオに似ていることに由来する。鰹木の数は神社によってさまざま。

9 廃仏毀釈

仏法を排斥し、釈迦の教えを棄却すること。一般に、明治時代初期の神仏分離令などの影響で起こった、仏教排斥運動のことを指す。

103 上級編

難読問題③

漢字検定準1級相当の問題だよ

1～10の熟語の読みを（　）にひらがなで記入しましょう。

1 煙霞（　　）

2 錫杖（　　）

3 胡乱（　　）

4 爪牙（　　）

5 鼎立（　　）

6 焚刑（　　）

7 快哉（　　）

8 井蛙（　　）

9 托鉢（　　）

10 矩形（　　）

正解

／10

答えは次のページに

103→解答

1 えんか

もやや霞がかかり、ぼんやりかすんだ風景。「煙霞痼疾（こしつ）」は、自然の風景を強く愛すること、隠居生活。

2 しゃくじょう

僧侶・修験者が持ち歩く杖。杖の先に錫製の輪があり、振ったり地面を強く突いたりして鳴らす。

3 うろん

正体の怪しく疑わしいこと。また、そのさま。確かでないこと。真実かどうか疑わしいこと。

4 そうが

爪と牙。転じて、人を傷つけ、脅かすもの。魔手。また、主人の手足となって働く家臣。

5 ていりつ

三人(三つの勢力)が互いに張り合って対立すること。「鼎（かなえ）」は、三つの足が付いた物を煮る大きな銅器。

6 ふんけい

火あぶりの刑。江戸時代の放火犯の刑罰で、獄門（ごくもん）(斬首された罪人の生首を晒（さら）す刑罰)以上の重刑。

7 かいさい

「快なる哉（かな）」の意味で、気持がいいこと。痛快なこと。例文「快哉を叫ぶ」(うまくいったことを喜ぶ)

8 せいあ

井戸の中にいるカエル。広い世間を知らず、自分だけの狭い見識にとらわれていること。

9 たくはつ

僧尼が修行のため、経を唱えながら各戸の前に立ち、食物や金銭の施しを鉢に受けて回ること。

10 くけい

四つの角がすべて等しい四角形。長方形。「矩（かね）」は曲尺（かねじゃく）(L字形の定規)、直線、直角の意味。

漢字検定準1級の標準的な問題です。ここまでくると、すべてが難読ですね。

104 上級編

読めても書くのは難しい！

歴史用語を漢字で書こう

1～9の歴史に関係する言葉を（　）に漢字で書きましょう。

1 からかぬち（べ）
（　　　部）

2 やまとあや（うじ）
（　　　氏）

3 はた（うじ）
（　　　氏）

4 すえつくり（べ）
（　　　部）

5 せいい（たいしょうぐん）
（　　　大将軍）

6 かんごう（しゅうらく）
（　　　集落）

7 いっこういっき
（　　　）

8 わこう
（　　　）

9 ひがきかいせん
（　　　）

正解　／9

答えは次のページに

1 韓鍛冶(部)

四～五世紀に朝鮮半島から渡来し、鉄製の武器・馬具・農工具を製造した金属技術者の集団。また、その後裔と考えられる人々。畿内地方に住み、ヤマト政権に仕えた。

2 東漢(氏)

「倭漢氏」とも。古代の有力な中国系渡来人。応神天皇時代に渡来した阿知使主が祖とされる。大和飛鳥地方に住み、文筆・外交・財務をもってヤマト政権に仕えた。

3 秦(氏)

応神天皇時代、秦の始皇帝の子孫と称する弓月君とともに渡来したとされるが、実際は中国系ではなく新羅からの渡来人とも。日本に養蚕、機織の技術をもたらした。

4 陶作(部)

「陶部」とも書く。五世紀前半以後、大化前代の品部(特定の職能をもって政権に仕えた集団)。朝鮮から技術を導入して、渡来人を中心に陶器(須恵器)を製造した技術集団。

5 征夷(大将軍)

もともとは蝦夷征討のため朝廷から臨時に任ぜられた総指揮官。坂上田村麻呂などが有名。のち、源頼朝に始まる武家政権(幕府)の代表者に与えられる職名に。

6 環濠集落

堀、土塁、柵で囲まれた大規模な集落(ムラ)のこと。弥生時代に争いから人々を守るために築かれた。「濠」は水堀のことで、「壕」(空堀)の字を使う場合もある。

7 一向一揆

戦国時代に浄土真宗(一向宗)の僧侶および門徒の農民が起こした、権力に対する抵抗運動の一揆の総称。三河、加賀、伊勢長島など、各地で激戦が繰り広げられた。

8 倭寇

一般には、十三世紀から十六世紀にかけて、朝鮮半島や中国沿岸部(一部内陸)、東アジア諸地域において、略奪、私貿易・密貿易を行った海賊のことを言う。

9 菱垣廻船

江戸時代、上方(大坂)と江戸を結んだ廻船(貨物船)。木綿や醤油・油・酒などの日用品を運んだ。菱組みの格子を組んだ装飾を船体に付けたことから菱垣廻船と言う。

105
上級編

いざ挑戦激ムズ問題！　大学生レベル

漢字検定1級【書き問題】

〈　〉の言葉を（　）に漢字（送りがながつく場合もあり）で記入しましょう。

1 海苔の〈つくだに〉が好き

2 友人の成功を〈うらやむ〉

3 権力の〈そうく〉となる

4 民衆が武装〈ほうき〉した

5 胃壁に〈せんこう〉が見つかる

6 古墳から〈はにわ〉が出土

7 〈さんごしょう〉を守る活動

正解

／7

答えは次のページに

105→解答

1 海苔（のり）の〈佃煮（つくだに）〉が好き

「佃煮」は魚・貝・海草などを、しょうゆとみりん、砂糖などで甘辛く煮付けた日本の食べ物。江戸時代に江戸 佃島（つくだじま）で創製されたのが由来。

2 友人の成功を〈羨（うらや）む〉

他の人が恵まれていたり、自分よりもすぐれていたりするのを見て、自分もそうありたいと思う。ねたましく思うこと。

3 権力の〈走狗（そうく）〉となる

「狗」は犬のこと。狩猟の際、鳥や獣を追い立てるのに使われた犬。転じて、人の手先となって使われる者を軽蔑して用いられる表現。

4 民衆が武装〈蜂起（ほうき）〉した

蜂（はち）が巣から一斉に飛び立つように、大勢の者が盛んに言いたてること。多くの者が一斉に暴動をおこすこと。

5 胃壁に〈穿孔（せんこう）〉が見つかる

穴が開くこと、および開けられた穴のこと。医学で、人体の器官に穴があくこと。「穿」は「うが（つ）」と読み、穴を開けるという意味。

6 古墳から〈埴輪（はにわ）〉が出土

古墳時代の日本に特有の器物。土師器（はじき）に分類される素焼き土器で、祭祀や魔除けなどのため、古墳の墳丘や造出（つくりだし）の上に並べ立てられた。

7 〈珊瑚礁（さんごしょう）〉を守る活動

珊瑚が積もってできた岩礁。熱帯・亜熱帯海域に分布。「礁」は浅い海底において、わずかに突起している部分。大陸棚や島棚などの上にある。

教養が光る！

四字熟語⑥

❶～❽の読みをもとに空いている□に漢字を記入して、四字熟語を完成させましょう。□に入っている漢字がヒントです。

答えは次のページに

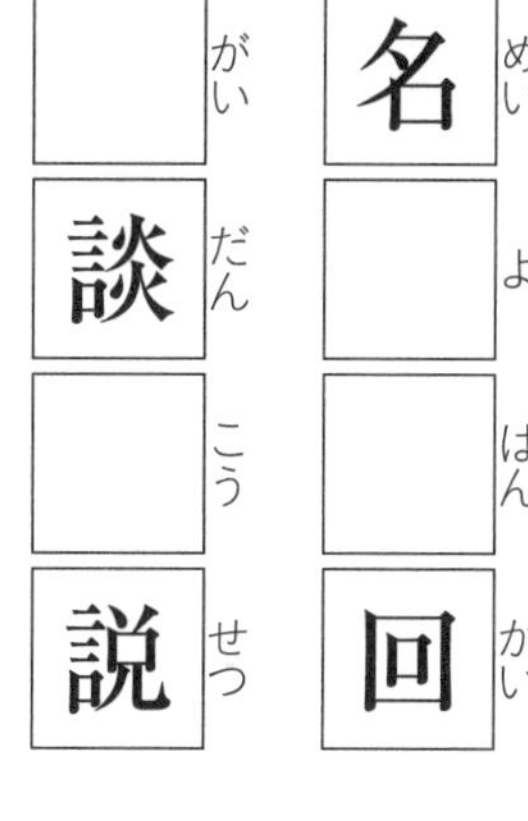

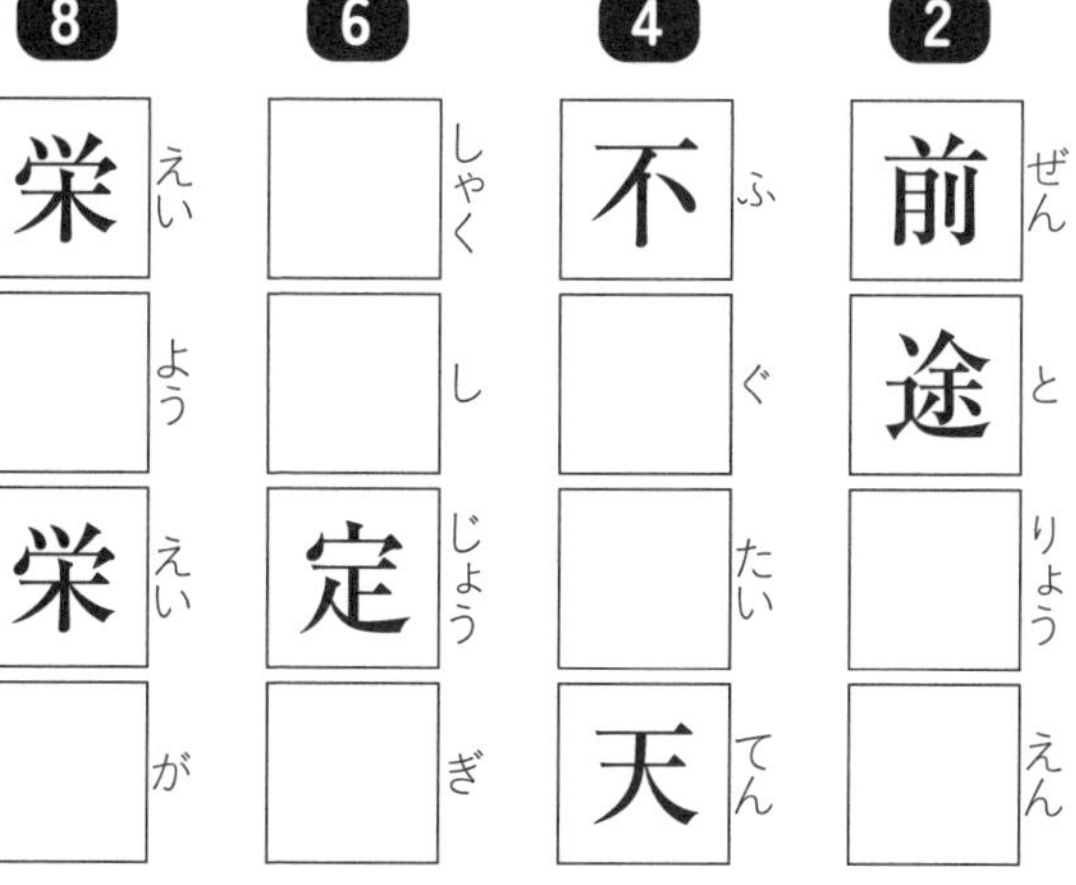

106→解答

1 名誉挽回

一度失った信用や評判を取り戻すこと。類語に「汚名返上」があるが、「挽回」は失ったものを取り戻す、「返上」は返す、受け取らないこと。「汚名挽回」は誤り。

2 前途遼遠

目的地までの道のりが非常に長いこと。また、目的達成までの時間が長くあること。「前途」はこれから先の道のり。「遼」「遠」はどこまでも続いているということ。

3 街談巷説

世間で流れているなんの根拠もない噂のこと。「街談」「巷説」はともに町中で出回っている噂話のこと。「漢書」（芸文志）の中の一説が由来とされる。

4 不倶戴天

同じ天の下には生かしておかないという意味で、それほど恨みや憎しみの深いことを表す。「礼記」（曲礼）の「父の讐は倶に天を戴かず」に由来する。

5 阿鼻叫喚

非常な辛苦の中で号泣し、救いを求めるさま。非常に悲惨でむごたらしいさま。仏教用語が由来で、「阿鼻」は八熱地獄の無間地獄、「叫喚」は泣き叫ぶこと。

6 杓子定規

曲がっている杓子の柄を、無理に定規の代わりとして使おうとすることから、一つの見方でしか物事を見ないこと、融通がきかず頭が固いこと。

7 疾風怒濤

荒れ狂う波と激しい風。転じて、時代が激しく動き、大きな変化が社会に起こること。18世紀後半のドイツで起こった文学革新運動をたとえたのが始まり。

8 栄耀栄華

財産や地位を得てはなばなしく栄え、時めくこと。転じて、驕り、贅沢を尽くすこと。「栄耀」は「えよう」とも読む。「栄華栄耀」とも表現される。

意外と難しい特殊な表現！

色の和名を読む

1～12の漢字の読みを（　）にひらがなで記入しましょう。

1 芥子（色）（　　）
2 萌葱（色）（　　）
3 伽羅（色）（　　）
4 土器（色）（　　）
5 撫子（色）（　　）
6 猩々緋（　　）
7 蘇芳（　　）
8 象牙（色）（　　）
9 黄櫨染（　　）
10 山吹（色）（　　）
11 茄子紺（　　）
12 櫨（色）（　　）

正解
／12

答えは次のページに

107→解答

日本の伝統色「原色大辞典」参照

1 からし（いろ）
強い黄系の色。「芥子」はカラシナのことだが、ケシとカラシナの種子が似ているため、「けし」とも読む。

2 もえぎ（いろ）
鮮やかな青緑系の色。平安時代から使われている日本の伝統色で、「萌黄」とも書く。

3 きゃら（いろ）
暗い黄褐色。「伽羅」は沈香（じんこう）の香木の芯から精製する樹脂分の多い香で、インドでは「黒い」の意味。

4 かわらけ（いろ）
土器のようにくすんだ黄褐色のこと。平安時代の文献に記された色名で、「枇杷茶色（びわちゃいろ）」とも。

5 なでしこ（いろ）
撫子の花のような紫がかったピンク系統の薄い赤色。撫子は夏に咲く花で、秋の七草の一つ。

6 しょうじょうひ
「猩々」は中国古典に登場する架空の動物。体毛の色が鮮やかな赤色・緋色とされることに由来する色。

7 すおう
蘇芳は染料に用いられるインドやマレー半島原産の植物。黒味を帯びた赤色で、「蘇方・蘇枋色」とも。

8 ぞうげ（いろ）
象牙の色味に由来する黄みのうすい灰色。「アイボリー」を訳した言葉と考えられている。

9 こうろぜん
赤みの暗い黄褐色のことで、日本では天皇が即位式などの儀式で着用する袍地（ほうじ）に使われる特別な色。

10 やまぶき（いろ）
鮮やかな赤みを帯びた黄色。山吹の花が名の由来で、平安時代から用いられてきた日本の伝統色の一つ。

11 なすこん
茄子の実のような紫みの濃い紺色。藍染の濃色に蘇芳で染め重ねる、江戸時代以降に登場した色。

12 はじ（いろ）
赤みの深い黄色。うるし科の山櫨（やまはぜ）の黄色い心材を染料にし、灰汁（あく）を媒染（ばいせん）にして染めるとこの色になる。

難読問題④

漢字検定1級相当の問題だよ

1～10の熟語の読みを（　）にひらがなで記入しましょう。

正解

／10

答えは次のページに

1 兵站（　　）

2 仏龕（　　）

3 饕餮（　　）

4 帷幄（　　）

5 僭越（　　）

6 疆界（　　）

7 驍名（　　）

8 煢煢（　　）

9 朦朧（　　）

10 禰宜（　　）

108➡解答

1 へいたん
戦場の後方にあり、軍需品や食糧などの供給・補充、後方連絡線の確保などの活動機能のこと。

2 ぶつがん
仏像や経文を安置するために壁面や塔内に設けられたくぼみ。屋内に安置するための容器・厨子。

3 とうてつ
中国の神話上の怪物。「饕」は財産、「餮」は食物をむさぼるという意味で、きわめて貪欲なこと。

4 いあく
垂れ幕と引き幕。昔は陣営に幕を巡らしたことから、作戦を立てる所、本営、本陣を意味する。

5 せんえつ
自分の地位や立場を越えて出過ぎたことをすること。「僭」はおごる、思い上がるという意味がある。

6 きょうかい
土地や物事の境。二つのものの境目。境界。「疆」は「さか(い)」「かぎ(る)」とも読む。

7 ぎょうめい
武勇に優れているという評判。勇名。「驍」には強い、勇ましいという意味。例文「驍名を馳せる」

8 けいけい
孤独なさま。孤独で頼るところのないさま。「煢」は「ひとりもの」「うれ(える)」と読む。

9 もうろう
ぼんやりとかすんで、はっきり見えないさま。例文「霧の中に朦朧と景が浮かんで見える」

10 ねぎ
神職の職称の一つ。宮司の下位、権禰宜の上位に置かれ、宮司を補佐する者。「祢宜」とも書く。

神社のトップが宮司さん。では、神主さんは？　実は神主は神社で神様に奉仕し神事を行う者の総称、職業名なんですよ。

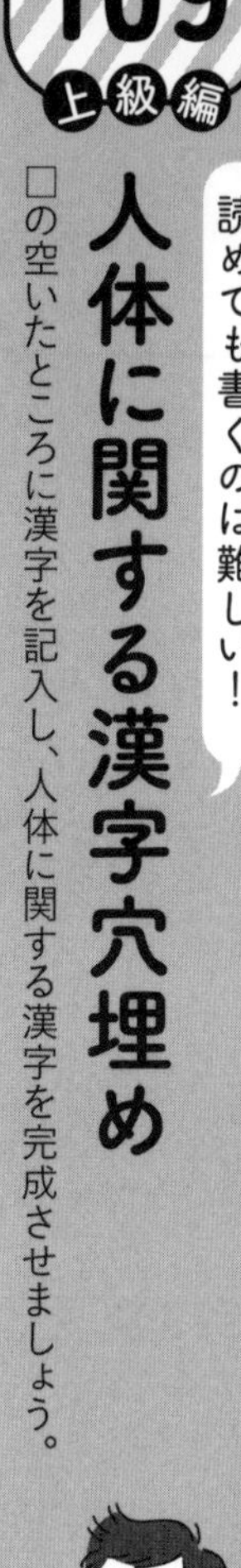

109 上級編

読めても書くのは難しい！

人体に関する漢字穴埋め

□の空いたところに漢字を記入し、人体に関する漢字を完成させましょう。

正解

／12

答えは236ページに

1 つむじ □毛

2 のどぼとけ □仏

3 ほくろ □子

4 みぞおち □尾

5 ひじ □
「肘・肱」以外の漢字で

6 へそ □

7 まゆ □

8 くび □
「首・頸」以外の漢字で

9 じんぞう □臓

10 かんぞう □臓

11 ひぞう □臓

12 すいぞう □臓

110 上級編

楽しみながらできる

漢字スケルトンパズル❹

囲みの文字を漢字にして、マス目を埋めてください。

あいきどう
いしどうろう
いちごいちえ
いっちょうら
かいごう
くなしりとう
けんぶつにん
こくどう
さざんか
さんそん
じつぶつだい
しまざきとうそん
だいち
たいりょうせいさん
ちちゅう
ちゅうごくじん
とうだいもり
はなみ
ばんじゃく
ばんだい
らしんばん
りゅうがくせい
るすばん

答えは237ページに

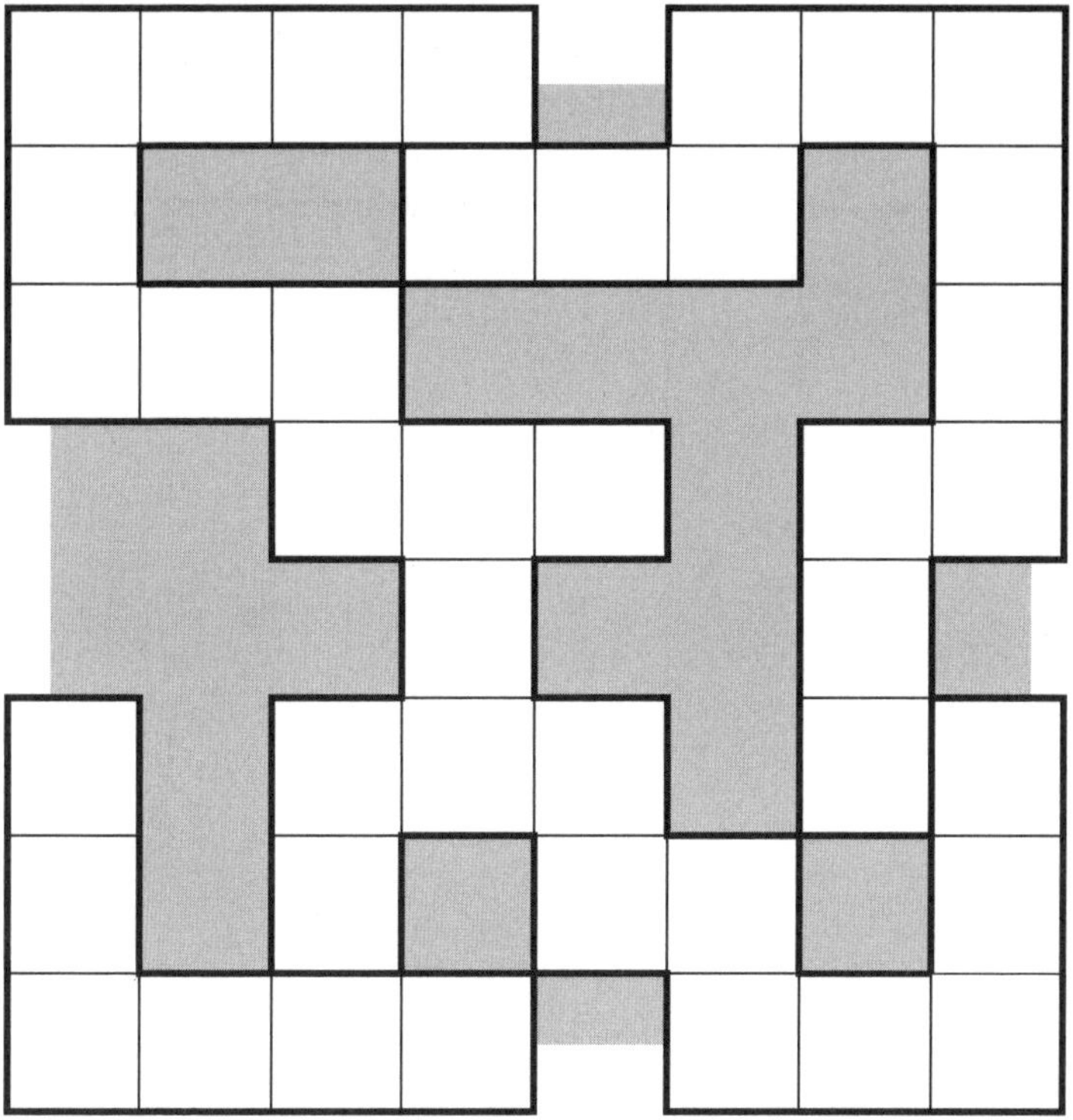

109→解答

1 旋毛

頭頂にある渦のように巻いた毛。「旋」には巡る、ぐるぐる回るという意味がある。

2 喉仏

喉の中間にある突出した甲状軟骨。形が座禅する仏の姿に見えることに由来。

3 黒子

医学用語では「こくし」。皮膚の表面にできる黒い小さな斑点（はんてん）。「黶」とも書く。

4 鳩尾

「きゅうび」「みずおち」とも。胸の中央の窪んだ部分で、鳩の尾に似ているのが由来。

5 臂

肩から手首までの部分。八つの顔と六本の腕（ひじ）で八面六臂（はちめんろっぴ）という言葉がある。

6 臍

腹部の真ん中にある小さなくぼみ。へその緒の痕跡で、「ほぞ」とも読む。

7 眉

「目の上（まのうえ）」「目上（まうえ）」が語源とも。古くは「まよ」と言ったのが「まゆ」に変化したとも。

8 頸

頭（頭部）と胴体をつなぐ部位のこと。頸部（けいぶ）。「首」の文字は頭部やかしらを意味する。

9 腎臓

五臓の一つで、血液を濾過（ろか）して老廃物や余分な塩分を尿として体外へ排出する。

10 肝臓

「肝心（かんじん）（腎）要（かなめ）」という言葉は、肝臓・心臓・腎臓が大切な器官であることに由来。

11 脾臓

ほぼ腹の中央にある、中国伝統医学における五臓の一つ。免疫機能を司る。

12 膵臓

「膵」は「にくづき」の部首に、すべてを示す「萃」から成る日本で作られた漢字。

一	期	一	会		国	後	島
張			合	気	道		崎
羅	針	盤					藤
		石	灯	籠		山	村
			台			茶	
実		留	守	番		花	見
物		学		台	地		物
大	量	生	産		中	国	人

似ているけど意味がまったく違う

COLUMN

間違いやすい漢字

「微（び）」と「徴（ちょう）」

「微」は長髪の老人が後ろから支えられ、ゆっくり歩く姿を表し、わずかという意味。「徴」は優れた人を表し、印（しるし）や兆しを意味する。

「輪（りん）」と「輸（ゆ）」

「輪」は円形のまわりの部分、車の輪っか。「輸」は車で物を運ぶこと。どちらも車（馬車や荷車（にぐるま）など）に関係する漢字で見間違いやすい。

「貧（ひん）」と「貪（どん）」

共に財産を意味する「貝」を部首にもつ。財が分散することから「貧＝まずしい」、財に今（ふた）することから「貪＝むさぼる」の意味に。

「萩（はぎ）」と「荻（おぎ）」

どちらも「艹（くさかんむり）」で、植物を意味する。「犭（けものへん）」あるほうが「怖い」→「オニ」→「オギ」などと覚えた人もいるのでは？

「裁（さい）」と「栽（さい）」

共に「さい」と読み、違いは「衣」と「木」の部分。「裁」は「裁縫」などの衣に関係、「栽」は「盆栽」などの樹木に関係する漢字。

「衝（しょう）」と「衡（こう）」

どちらも「行（ぎょうがまえ）」が部首の漢字。「衝」はぶつかる、「衡」ははかりの意味。「衝」には「重」があるので、意味が混乱しやすい。

「網（あみ）」と「綱（つな）」

「網」の「罔」は糸を縦横に編み込んだネット（あみ）の象形表現。「綱」の「岡」は丸い丘の象形で、強いの意味もあり、強い縄を表す。

「斥（せき）」と「斤（きん）」

「丶」があるかないかの違いだが、「斤」は斧（おの）のことで、「一斤」などの単位にも。「斥」は退けるの意味で、「排斥」などの熟語がある。

「藤(とう)」と「籐(とう)」

「藤」は「ふじ」とも読み、マメ科フジ属の植物。旧字では「藤」。「籐」の部首は「竹」だが、竹の仲間ではなく、東南アジアの熱帯雨林地域に自生するヤシ科の植物。

「戴(たい)」と「載(さい)」

「異」と「車」が違うだけだが、「戴」は「戈(ほこづくり)」、「載」は「車(くるま)」が部首。どちらも「のせる」ことを表すが、「戴」は「戴冠(たいかん)」というように頭の上にのせること。

「龍(りゅう)」と「寵(ちょう)」

想像上の動物「龍」に「宀(うかんむり)」がつくと、「恩寵(おんちょう)」「寵児(ちょうじ)」の熟語がある「寵」になる。これは龍を屋内に囲い、大切に養うこと(あり得ないことだが)に由来。

「隈(くま)」と「隅(すみ)」

「大隈」「大隅」は、前者は「おおくま」、後者は「おおすみ」。「隈」は目の回りの黒ずみのほか、もののすみの意味がある。「隅」にもすみっこの意味があり紛らわしい。

「孤(こ)」「弧(こ)」「狐(こ)」

「瓜」は共通しているが、部首が異なり、意味もまったく違う。「瓜」は食用にされる植物の「うり」のこと。語源には諸説あるが、「孤」はみなしごの意味で、丸みを帯びた瓜の形がぽつんと一つだけの印象があり、父母を失い一人だけになった子どもを想像させるからとも。「弧」は曲線の一部、弓のことで、瓜の丸みが弓のカーブを想像させるから。「狐」はきつねの意味で、瓜はきつねの鳴き声の「コ」の音が由来と言われる。

「酒(しゅ)」と「洒(しゃ)」

「酒」は容器が半分土に埋まっている様子を表す漢字。かつてはこうして酒を醸した。「洒」は水に、木で作った笊(ざる)状のものを表す象形表現で、濯(すす)ぐ、洗うの意味がある。

「侯(こう)」と「候(こう)」

「侯」は「王侯」「侯爵」などのように、身分の高い人を表す。これに「イ(にんべん)」を重ねてつけた(元の「イ」は「|」になった)のが「候」で、貴人に仕える人を表す。

カバー・本文デザイン　BUENOdesign
DTP　グレイル
本文イラスト　サカイユカリ
特殊パズル制作　マジックスタジオ
編集・原稿協力　石川夏子（グレイル）
校正協力　株式会社聚珍社、村上理恵

意外と読めない・書けない 漢字ドリル

編　者　池田書店編集部
発行者　池田士文
印刷所　有限会社精文社
製本所　株式会社新寿堂
発行所　株式会社池田書店
〒162-0851
東京都新宿区弁天町 43 番地
電話 03-3267-6821（代）
FAX 03-3235-6672

落丁・乱丁はお取り替えいたします。

ISBN 978-4-262-15780-1

[本書内容に関するお問い合わせ]
書名、該当ページを明記の上、郵送、FAX、または当社ホームページお問い合わせフォームからお送りください。なお回答にはお時間がかかる場合がございます。電話によるお問い合わせはお受けしておりません。また本書内容以外のご質問などにもお答えできませんので、あらかじめご了承ください。本書のご感想についても、当社HPフォームよりお寄せください。
[お問い合わせ・ご感想フォーム]
当社ホームページから
https://www.ikedashoten.co.jp/

23000003